A *Lagom* Workbook for Swedish

Joakim Andersson

NORTH TONE MEDIA

This book may not be copied, altered, distributed or re-sold in any way without the explicit written consent from the publisher. North Tone Media does not provide any warranties for the accuracy of the work and cannot be liable for any damage caused by the information therein.

ISBN 978-91-987189-6-6

First edition
© 2022 Joakim Andersson, Say it in Swedish & North Tone Media
www.sayitinswedish.com
www.northtonemedia.com
North Tone Media Handelsbolag, Sweden
Author: Joakim Andersson
All rights reserved.

Övning ger färdighet.

Contents

Foreword 5

The Basics 6

Pronunciation Secrets 87

Confusing Things 102

Old Swedish Relics 126

Mistakes Even Swedes Make 129

Polite Swedish 132

Vocabulary 134

FAQ & Common Pitfalls 144

Tips, Fun Facts & Good-To-Knows 155

Finland-Swedish 167

Key 169

Index 238

Foreword

A Lagom Guide to Swedish was an instant success when it was published a little over a year ago, and now it's time to practice what you've learned.

This workbook is 100% based on *The Guide*, with the same chapters and more or less the same structure. This way you instantly know where to look for a topic you notice that you aren't comfortable in. Despite this, there is also a detailed referencing system. Thus, when you see this symbol ▷ it is referring to the particular snippet of information in *The Guide*, that the exercise is based on. Furthermore, there is a detailed index at the end of this book, so that you can quickly find exercises for a topic you are interested in perfecting.

As always I wish you a lot of fun learning Swedish and going through this book. For suggestions and ideas for future editions, contact me on *hej@sayitinswedish* or on social media under the handle *@sayitinswedish*, or, at the time of writing, *@sayitinswe* on Twitter.

Ha så kul!

The Basics

Nouns

1   *En* or *ett*? Sort the following Swedish nouns into the correct box.

    ▷ 2 ▷ 3

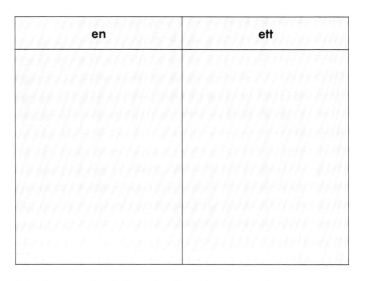

en	ett

bil – hus – stol – flicka – bord – tak – jobb – lärare – man – kvinna – barn – sko – hund – däck – äpple – tåg – bi – träd – katt – måne

2 Translate the following nouns into Swedish. Remember to include the indefinite article *en* or *ett*.
▷ **2** ▷ **3**

a lake	_____	an eye	_____
a night	_____	a horse	_____
a sun	_____	a name	_____
a road	_____	a bed	_____
a candle	_____	a sea	_____
a door	_____	a country	_____
a day	_____	a finger	_____
a window	_____	a mountain	_____
an animal	_____	a knife	_____
an egg	_____	a forest	_____
a table	_____	a chair	_____
a moon	_____	a shoe	_____
a head	_____	a camera	_____
a fork	_____	a mouth	_____
a hair	_____	a bridge	_____

3 Write the definite form of the following nouns.
▷ 4

tak	_____	flicka	_____
sko	_____	djur	_____
katt	_____	man	_____
fönster	_____	väg	_____
berg	_____	hus	_____
sjö	_____	skog	_____
lärare	_____	äpple	_____
bil	_____	namn	_____
finger	_____	säng	_____
tåg	_____	katt	_____
hår	_____	jacka	_____
päron	_____	bok	_____
penna	_____	buss	_____
affär	_____	huvud	_____
apelsin	_____	kyrka	_____

4 Find the hidden words (12) and sort them accordingly into the table, writing both the indefinite and the definite form.
▷ **3** ▷ **4**

D	I	B	F	T	B	A	R	N	F
M	U	A	M	I	I	M	F	Å	W
A	Ä	F	A	R	L	V	Å	D	A
T	Y	Z	N	K	R	N	G	Ö	B
S	Z	T	H	L	Ö	T	C	R	P
K	V	I	N	N	A	T	E	R	O
L	B	D	F	C	K	O	E	X	L
F	C	X	U	G	H	U	S	Ä	I
P	Ä	R	O	N	E	K	F	R	S
W	Q	J	V	A	T	T	E	N	J

en		ett	
Indefinite	Definite	Indefinite	Definite

5 *En* or *ett*? Tick the correct box.
▷ 2

	en	ett		en	ett
museum	☐	☐	hotell	☐	☐
fågel	☐	☐	flygplan	☐	☐
tåg	☐	☐	biljett	☐	☐
kvinna	☐	☐	hus	☐	☐
skog	☐	☐	berg	☐	☐
gaffel	☐	☐	ord	☐	☐
bokstav	☐	☐	tallrik	☐	☐
buss	☐	☐	kniv	☐	☐
namn	☐	☐	mening	☐	☐
hav	☐	☐	glas	☐	☐
finger	☐	☐	affär	☐	☐
dag	☐	☐	hand	☐	☐
flaska	☐	☐	bord	☐	☐
huvud	☐	☐	null	☐	☐
låda	☐	☐	flod	☐	☐

The Basics

6 Translate the following words and write their plural forms.
▷ **7**

	Singular		Plural
a girl	_____	flera	_____
a church	_____	flera	_____
a cucumber	_____	flera	_____
a star	_____	flera	_____
a wave	_____	flera	_____
a street	_____	flera	_____
a fairy tale	_____	flera	_____
a cookie	_____	flera	_____
a crown	_____	flera	_____
a clock	_____	flera	_____
a dad	_____	flera	_____
a sock	_____	flera	_____
a mom	_____	flera	_____
a camera	_____	flera	_____
a monkey	_____	flera	_____

7 Complete the table with the missing singular and plural forms.
▷ 8

Singular	Plural	Singular	Plural
_____	skogar	_____	pojkar
älg	_____	kväll	_____
_____	byar	tidning	_____
gris	_____	sjö	_____
kock	_____	_____	fåglar
_____	dagar	_____	knivar
karl	_____	måne	_____
vägg	_____	finger	_____
gaffel	_____	_____	bilar
_____	solar	dörr	_____

8 Draw a line to connect the valid plural forms to the empty boxes and fill in the corresponding singular forms. Beware of the fake plurals!
▷ 9

The Basics

Singular **Plural**

tider

stader

böcker

saker

museer

nätter

tänder

vänner

natter

städer

boker

säker

9 Are these plural words *en* or *ett*? Tick the correct box.
▷ 2 ▷ 9

	en	ett		en	ett
städer	☐	☐	länder	☐	☐
röster	☐	☐	turister	☐	☐
viner	☐	☐	priser	☐	☐
museer	☐	☐	böcker	☐	☐
historier	☐	☐	kaféer	☐	☐
nötter	☐	☐	regler	☐	☐
personer	☐	☐	telefoner	☐	☐
saker	☐	☐	nätter	☐	☐
bakelser	☐	☐	teer	☐	☐
gitarrer	☐	☐	noter	☐	☐
bilder	☐	☐	floder	☐	☐
smaker	☐	☐	fängelser	☐	☐
affärer	☐	☐	byggnader	☐	☐
fötter	☐	☐	lukter	☐	☐
tider	☐	☐	toner	☐	☐

10 Complete the table with the missing forms.
▷ 10

Singular	Plural	Singular	Plural
_____	bakelser	tå	_____
sko	_____	_____	kor
händelse	_____	bastu	_____
fiende	_____	klo	_____
_____	fängelser	_____	bönder
telefon	_____	linje	_____
_____	gifter	sak	_____
natt	_____	_____	personer
bok	_____	staty	_____
stad	_____	film	_____

11 Circle the words with identical singular and plural forms.
▷ 11 ▷ 12

partner   kafé   turist   bagare
häst   hus   våg   ko   barn
förare   österrikare   päron
pris   gås   skomakare   bakelse
lärare   pojke   tid   natt

12 Translate the words and write them in their plural forms.
▷ **12**

	Singular		Plural
an apple	_____	flera	_____
a heart	_____	flera	_____
a bee	_____	flera	_____
a house	_____	flera	_____
a nest	_____	flera	_____
a child	_____	flera	_____
a tree	_____	flera	_____
a pear	_____	flera	_____
a table	_____	flera	_____
a piano	_____	flera	_____
a cupboard	_____	flera	_____
a leg	_____	flera	_____
a sea	_____	flera	_____
a knee	_____	flera	_____
a berry	_____	flera	_____

13 Find the fake plurals and cross them out. Write the correct plural in the brackets if applicable.
▷ **6**

fängelsar (_____) – kor (_____) – viner (_____) – museum (_____) – sakar (_____) – länder (_____) – bastun (_____) – bönder (_____) – skon (_____) – vännor (_____) – kaféer (_____) – historior (_____) – tänder (_____) – tår (_____) – böcker (_____) – röster (_____) – pris (_____) – tider (_____) – kastrullor (_____) – natter (_____)

14 Sort the following words into the table and fill in their respective singular or plural forms.
▷ 3 ▷ 6

pojkar – träd – saker – tidning – flicka – sko – barn – hjärtan – vän – bok – dag – hus – stad – fågel – gator – kyrkor – äpple – turister – tidning – fängelse

en		ett	
Singular	**Plural**	**Singular**	**Plural**

The Basics

15 Translate the words and finish the crossword puzzle with the plural forms in Swedish.
▷ **6**

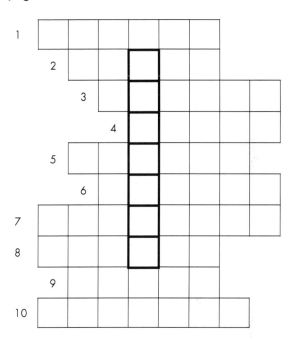

Solution: _____ Plural: _____

1. kiss – 2. boat – 3. pocket – 4. day – 5. dog – 6. hour – 7. Swede – 8. forest – 9. lake – 10. clock

16 Fill in the blanks with the correct word in its plural form.
▷ 6

hus – land – barn – sak – sko – saga
träd – bok – bastu – museum

1. Turister gillar _____.
2. Jag köper _____ i skoaffären.
3. Europa består av flera _____.
4. I skogen står det _____.
5. Jag har många _____ i väskan.
6. Pojken lånar _____ på biblioteket.
7. Pappan läser _____ för barnet.
8. _____ måste gå i skolan.
9. Finland har många _____.
10. Byn består av bara tre _____.

17 Fill in the blanks with the correct indefinite article and the plural form of the words.
▷ 3 ▷ 6

__ hjärta _____   __ klocka _____

__ tand _____   __ träd _____

__ tå _____   __ vin _____

__ pojke _____   __ sko _____

__ pris _____   __ kvall _____

18 Draw a line between the plural words and their definite endings.
▷ 13

skor   bord   träd   kvinnor

nätter   pojkar   barn   kor

| -(n)a | -en |

öron   vänner   män   gator

museer   fängelser huvuden   städer

19 Write the following words in their definite forms for both singular and plural.
▷ 4 ▷ 13

	Singular	Plural
stjärna		
tidning		
träd		
sko		
fågel		
vän		

	Singular	**Plural**
hus	_____	_____
gata	_____	_____
häst	_____	_____
hand	_____	_____
skog	_____	_____
stad	_____	_____
kväll	_____	_____
bi	_____	_____
pris	_____	_____
känguru	_____	_____
huvud	_____	_____
sjö	_____	_____
möbel	_____	_____

20 Find the nouns that form the plural with umlaut. Fill in the chart with the indefinite and definite plural pairs. ***Hint:*** *Some words get an additional ending and some don't!*
▷ 9 ▷ 11

sol – våg – gås – gata – kök – man – natt – sak – hund – bonde – tå – hand – hus – gurka – son – krona – land – stad

Indefinite plural	Definite plural

21 Complete the table with all the forms of the noun.
▷ 3 ▷ 4 ▷ 6 ▷ 13

Singular		Plural	
Indefinite	Definite	Indefinite	Definite
en hand	_____	_____	händerna
en klocka	_____	klockor	_____

	Singular		Plural	
Indefinite	Definite	Indefinite	Definite
_____	kvinnan	_____	_____
en lärare	_____	lärare	_____
_____	skon	_____	skorna
_____	_____	_____	männen
_____	pojken	_____	pojkarna
ett träd	_____	_____	_____
_____	_____	gäss	_____
_____	källaren	_____	_____
ett land	landet	_____	_____
en fågel	_____	_____	fåglarna
ett kök	_____	_____	köken
en vän	_____	vänner	_____
_____	solen	_____	_____
_____	_____	söner	sönerna
_____	dagen	_____	_____
ett huvud	_____	_____	huvudena

22 Which of the following words are *generally* countable or uncountable? Tick the correct box.
▷ 14

	Countable	**Uncountable**
träd	☐	☐
mat	☐	☐
vatten	☐	☐
bok	☐	☐
vin	☐	☐
barn	☐	☐
choklad	☐	☐
kaffe	☐	☐
stjärna	☐	☐
soppa	☐	☐
skog	☐	☐
kärlek	☐	☐
saft	☐	☐
sand	☐	☐

23 Article or no article? Fill in the blanks where necessary.

*Hint: Remember that some countable nouns can stand **with or without** an article if they act like they are uncountable.*

▷ 14–16

1. Han har ___ bil.
2. Katten dricker ___ vatten.
3. Du har ___ fin tröja.
4. Flickan spelar ___ piano.
5. Studenten behöver ___ bok.
6. Mamma och pappa handlar ___ mat.
7. Ge mig ___ penna!
8. Det är trevligt med ___ sol.
9. Hon har ___ dator i väskan.
10. Jag vill ha ___ choklad.
11. Barnen ser på ___ film.
12. Polisen rider på ___ häst.
13. Han är ___ lärare.
14. Det luktar ___ fisk.
15. Vi går på ___ konsert.
16. Stranden är full av ___ sand.
17. På morgonen kokar mannen ___ kaffe.
18. Hon äter ___ smörgås till lunch.
19. Det finns ___ gröt i skålen.
20. I korsningen står ___ kanin och vinkar.

24 Rewrite the following possessive phrases with prepositions.
▷ 18

husets tak → *taket på huset*

bilens färg → _____

bokens titel → _____

lådans innehåll → _____

problemets lösning → _____

cykelns ägare → _____

datorns sladd → _____

tvättmaskinens fel → _____

25 Translate the following compound words and break them down into their individual words in the boxes provided.
▷ 19 ▷ 234

	Translation	
tågstation	_____	
kyrkogård	_____	
nattåg	_____	

A Lagom Workbook for Swedish

Translation

fredagkväll _____

skolgård _____

päronträd _____

hästsko _____

leksaksbil _____

kakform _____

vinglas _____

dagbok _____

hustak _____

spisplatta _____

gatlykta _____

kökskniv _____

26 Create common compounds by joining two words from the box. Add them to the list and translate them into English.
Hint: Only use the words once.
▷ 19 ▷ 234

Compound   **Translation**

_____   _____

_____   _____

_____   _____

_____   _____

_____   _____

_____   _____

_____   _____

_____   _____

_____   _____

---

brev – kopp – bil – snöre – skärm – jul – dans – sko
hylla – kaffe – duk – låda – vante – finger – bok – golv
kaffe – dator – hand – gran – väg

Verbs

27 Fill in the blanks with the correct verb conjugation.
▷ **20**

	Present	**Past**	**Supine**
jag	_____	hoppade	_____
du	hoppar	_____	_____
han, hon, det	hoppar	_____	hoppat
vi	_____	_____	hoppat
ni	_____	_____	_____
de	hoppar	_____	_____

Do you notice anything?

28 Circle the verbs in the first conjugation group (the *-ar* group).
▷ **20**

jobba   se   prata   göra   sova

titta   flyga   hoppa

säga   springa   krama   äta

pussa

29 Complete the table and conjugate the following verbs.
▷ **20**

Infinitive	Present	Past	Supine
_____	hälsar	_____	hälsat
jobba	_____	_____	jobbat
_____	pussar	pussade	_____
_____	pratar	_____	_____
laga	_____	lagade	_____
_____	_____	knackade	knackat
_____	_____	tittade	tittat
krama	kramar	_____	_____
_____	_____	talade	_____
_____	kissar	kissade	_____
leta	_____	_____	letat
såga	_____	sågade	_____
hoppa	hoppar	_____	_____
_____	klappar	klappade	_____
titta	_____	tittade	_____

31

30 Draw a line between each word and its ending in the present tense.

▷ **21**

köpa   läsa   höra   säga

ligga | -er | | - | mäta

lära (sig)   köra   föda   göra

31 Translate the following verbs and then conjugate them in the past tense (preterite).

▷ **21**

read	_____	→	_____
go (by car)	_____	→	_____
learn	_____	→	_____
drive	_____	→	_____
measure	_____	→	_____
meet	_____	→	_____
give birth	_____	→	_____
lead	_____	→	_____

What kind of patterns can you see here?

The Basics

32 Circle the verbs (6) in their supine forms and write down their infinitive forms in the box.
▷ 21

J	H	G	Z	E	S	A	G	T	Y
H	Ö	L	K	Å	N	D	E	U	T
W	R	Ä	H	R	V	S	T	Z	C
A	T	S	P	W	F	B	T	Ö	H
Q	L	T	C	Z	D	S	M	N	L
I	W	P	Ä	F	Ö	T	T	Ö	E
F	G	J	O	R	T	E	V	F	T
R	Å	C	J	G	E	X	Ä	S	T
Ä	E	Y	Ö	F	R	U	U	E	X
M	A	U	I	L	Ä	R	A	Z	Ä

33 Fill in the blanks with the correct conjugation form and tick the correct box.
▷ 21

	Pres.	Past	Sup.
1. Jag _____ (läsa) en bok i går.	☐	☐	☐
2. Affären har _____ (stänga) för alltid.	☐	☐	☐
3. Linjaler _____ (mäta).	☐	☐	☐
4. Regeringen har _____ (bestämma) det.	☐	☐	☐
5. På konserter _____ (höra) man musik.	☐	☐	☐
6. Däggdjur _____ (föda) levande ungar.	☐	☐	☐
7. Vad _____ (göra) du förra helgen?	☐	☐	☐
8. Det har jag alltid _____ (säga).	☐	☐	☐
9. Fåglar _____ (lägga) ägg.	☐	☐	☐

	Pres.	Past	Sup.

10. Hunden _____ (mysa) ofta på filten. ☐ ☐ ☐

11. Gubben _____ (lyfta) upp och tittar på sitt barnbarn. ☐ ☐ ☐

12. Lyktan _____ (lysa) i snön. ☐ ☐ ☐

13. Jag _____ (frysa) kycklingen i frysen innan. ☐ ☐ ☐

14. Publiken _____ (rysa) när de hör orkestern. ☐ ☐ ☐

15. Hon hade _____ (röka) sedan tonåren. ☐ ☐ ☐

34 Fill in the blanks with the appropriate verbs in the present tense.

▷ **22**

1. Han _____ i Sverige.
2. Kvinnan _____ från kriget.
3. Skräddaren _____ en kavaj.
4. Barnet _____ inte kakburken.
5. Patienten _____ bra.

> må – bo – sy – nå – fly

35 Draw a line connecting the sentences and their translations. Fill in the blanks.
▷ **22**

| Jag _____ inte så bra förra veckan. | I didn't feel very good last week. |

| Jag _____ en smörgås. | We reached the end of the trip. |

| Hon _____ sin egen klänning. | The child didn't get dressed. |

| Vi _____ slutet på resan. | I made a sandwhich. |

| Barnet _____ inte på sig. | She sewed her own dress. |

36 Find the strong verbs in the word cloud and conjugate them in the appropriate box.

▷ **23**

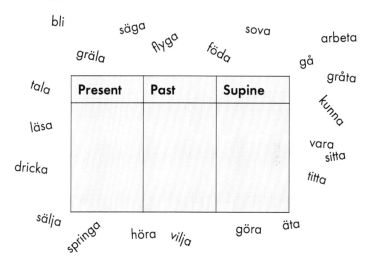

Look at the supine form, can you spot a pattern?

37 Translate the following sentences into Swedish using the past tense.

▷ **23**

1. I'm eating meatballs.

___

2. The plane is flying to Helsinki.

___

3. The princess is becoming queen.

_____

4. Horses run fast.

_____

5. The child is crying.

_____

6. The teenagers are drinking soda.

_____

7. The boss is buying everyone lunch.

_____

8. Ducks are diving in the lake.

_____

9. He's lying.

_____

10. A moose shoots the hunter.

_____

38 Fill in the blanks and see if you can notice a pattern!
▷ **23**

Infinitive	Present	Past	Supine
_____	_____	sov	sovit
vara	_____	_____	varit
_____	äter	_____	_____
_____	sjunger	sjöng	_____
_____	kommer	_____	kommit
_____	_____	gick	_____
se	_____	_____	sett
_____	får	fick	_____
ge	_____	gav	_____
stå	står	_____	_____
_____	tjuter	_____	tjutit
springa	springer	sprang	_____
nypa	_____	_____	nypt/nupit
supa	_____	_____	supit
klyva	klyver	_____	_____

39 Find the verbs that don't follow the pattern above. Circle and conjugate them accordingly in the table below.
▷ 23

Present	Past	Supine

springa dricka
ligga slå gråta
ta ljuga få
dra sova

40 Fill in the blanks. Pay attention to the tense.
▷ 24 ▷ 25

1. Oj, jag _____ (veta) inte att du var polis.
2. _____ (kunna) du ge mig tidningen, är du snäll?
3. Barnet _____ (skola) till skolan.
4. De _____ (vilja) ha glass men den var slut.
5. Du _____ (veta) ingenting!
6. _____ (vilja) du fika imorgon?
7. Gästerna _____ (kunna) inte komma igår.
8. Det _____ (skola) regna men blev sol i stället.
9. Hur länge har du _____ (veta) det?
10. Jag skulle vifta på öronen om jag hade _____ (kunna).

The Basics

41 Simple past, perfect or past perfect? Translate the sentences into Swedish and use the correct tense.
▷ 25–27

1. Once upon a time there was a princess.

___

2. I worked for 7 days last week.

___

3. Have you tried fish?

___

4. I had never done it before.

___

5. He has gone diving today.

___

42 Read this short text about the Swedish inventor Alfred Nobel and fill in the blanks with the given verb in the correct tense.
▷ 25–29

> Alfred Nobel _____ (vara) en svensk kemiker och uppfinnare. Han _____ (vara) bäst känd för att _____ (uppfinna) dynamiten vilken han _____

A Lagom Workbook for Swedish

> (få) patent på 1867. Han _____ (dö) i Italien och det är hans testamente som _____ (ge) upphov till det berömda nobelpriset. Utan honom _____ (skola) det inte _____ (bli) något pris.

43 Is this the present or the future? Read the sentences and tick the correct boxes.
▷ **20–27**

	Present	Future
1. Jag äter en skinksmörgås.	☐	☐
2. Polisen kommer!	☐	☐
3. Det regnar idag.	☐	☐
4. Jag går om du är dum.	☐	☐
5. Det regnar nog imorgon.	☐	☐
6. Vad håller du på med?	☐	☐
7. Vad gör vi då?	☐	☐
8. Du får inget godis om du inte städar.	☐	☐
9. Imorgon åker vi till farmor.	☐	☐
10. Nästa år blir det säkert bättre.	☐	☐

The Basics

44 Insert the correct verb, *ska* or *kommer (att)*, for the future tense.

▷ 28–30

1. Du _____ klara det.
2. Jag har bestämt att jag _____ bli pizzabagare.
3. Imorgon _____ nog jorden gå under.
4. Du _____ frysa om du inte klär på dig.
5. Vi _____ förmodligen flytta.
6. Vi _____ flytta till Kanada nästa vecka.
7. _____ du ringa till verkstaden?
8. Jag _____!
9. Maten _____ bli dålig om du inte stänger kylskåpet.
10. Jag _____ skrika om du inte tar bort spindeln.

45 Reflexive or not? Translate the following sentences. Which ones are reflexive in Swedish?

▷ 32 ▷ 33

	Reflexive
1. I'm getting dressed.	☐
2. She's learning Swedish	☐
3. Watch yourself.	☐

	Reflexive
4. Will you marry me?	☐
5. The book is about science.	☐
6. I'm longing for a vacation.	☐
7. The child went to bed.	☐
8. The man is tired and has to sit down.	☐
9. We cannot afford that.	☐
10. Santa shaves every 250 years.	☐

46 Active to passive? Rewrite the following sentences in the passive voice (with -s).
▷ **34**

1. Katten jagar hunden.

Hunden jagas av katten.

2. Hon häller upp vinet.

___

3. Sara kör bussen.

___

4. En firma utför jobbet.

___

5. Jag tvättar fönstren.

___

6. Frisörer klipper hår.

___

7. Författare skriver böcker.

___

8. Barnen plockar äpplena.

___

9. En kock lagar maten.

___

10. Konstnären målar en tavla.

___

47 Circle the deponent verbs. Watch out for verbs in the passive voice.
▷ 35

andas   hoppas   uppfinns   fattas

matas   jagas   trivas   låtsas   lyckas   finnas

lagas   låtas   spelas

48 Translate the following verbs into English and conjugate them.
▷ 36

	Present	Past	Supine
(fatta)	_____	_____	_____

The Basics

	Present	**Past**	**Supine**
(finnas)			
(hoppas)			
(anda)			
(fattas)			
(rymma)			
(finna)			
(lyckas)			
(hoppa)			
(rymmas)			

49 Replace the use of *varandra* (each other) with a reciprocal deponent verb.
▷ **37**

1. Vännerna kramar varandra.

Vännerna kramas.

2. Vi mötte varandra på gatan.

_____

3. Flickan och pojken pussade varandra.

_____

4. Barnen retar varandra.

_____

5. Syskonen nyper varandra.

_____

6. Kollegorna ser varandra på jobbet.

_____

7. Boxarna slår varandra.

_____

8. Vi hjälper varandra.

_____

50 Translate the following phrases and specify which one includes a particle verb.
▷ 38

	Particle verb?		Particle verb?
hälsa på	☐	hälsa på	✓
to greet		*to visit*	
titta på	☐	titta på	☐
_____		_____	
säga till	☐	säga till	☐
_____		_____	
känna igen	☐	känna igen	☐
_____		_____	
slå på	☐	slå på	☐
_____		_____	

	Particle verb?		**Particle verb?**
gå under	☐	gå under	☐
_____		_____	
ta på	☐	ta på	☐
_____		_____	
bli av	☐	bli av	☐
_____		_____	
skriva på	☐	skriva på	☐
_____		_____	
ta i	☐	ta i	☐
_____		_____	

Now highlight the word which holds the stress.

51 Assign the English words a translation from the word cloud.
▷ **38**

to interrupt

to go on

to greet

to break

to depart

to think of

to walk into

to strike

to turn on

to realize

pågå   bryta av   sätta på   slå till
   hälsa på
              avbryta   inse
avgå   komma på   gå på

52 Fill in the blanks with the appropriate helper verb.
▷ **39**

1. Musikern _____ (can) spela fiol.
2. Mamma _____ (has to) gå till jobbet nu!
3. _____ (want) du komma hem till mig?

4. Du _____ (should) klä på dig.
5. Vi _____ (need to) köpa lakrits.
6. Jag _____ (will) inte åka någonstans.
7. Polisen _____ (can) aldrig hitta mig.
8. Affären _____ (will) stänga.
9. Du _____ (should) duscha.
10. Sa jag inte att du _____ (have to) klä på dig?

53 Translate the following sentences into Swedish. Remember to not to translate literally.
▷ **39**

1. The artist forgot to eat.

___

2. Now it's beginning to rain.

___

3. We don't have time to go to the store.

___

4. I can help you move.

___

5. The clown is trying to juggle.

___

6. You don't have to do it.

_____

7. She forgot to feed the platypus.

_____

8. The people are trying to flee.

_____

9. Teenagers have no energy to do homework.

_____

10. Don't start a fight now.

_____

54 Put the following statements into the present subjunctive mood with *må* or *måtte*.
▷ **40**

Hon lyckas.   _____

De överlever.   _____

Han lever.   _____

Dot är sant.   _____

Vi gör det.   _____

55 Transform the statements into the past subjunctive.
▷ 41

Jag är en fisk. → _____

Jag har pengar. → _____

Jag vet det. → _____

Jag blir sjuk. → _____

Jag får löneförhöjning. → _____

56 Read this short text about the IKEA founder Ingvar Kamprad and fill in the blanks.
▷ 20–41

> Ingvar Kamprad _____ (födas) den 30 mars 1926. Som 6-åring _____ (börja) han _____ (sälja) tändstickor. Man _____ (kunna) _____ (säga) att han _____ (vara) en riktig entreprenör.
>
> Han _____ (gifta sig) två gånger under sitt liv. 1943 _____ (grunda) firman som än idag _____ (heta) Ikea.
>
> Ingvar _____ (dö) 2018 men om han _____ (leva), _____ (skola) han _____ (vara) Sveriges rikaste man.

Adjectives

57 Translate the adjectives and insert the correct form.
▷ 42

ett _____ (big) land

ett _____ (small) barn

en _____ (tall) man

ett _____ (red) hus

en _____ (old) smörgås

en _____ (happy) kvinna

en _____ (dark) natt

ett _____ (nice) hotell

en _____ (fast) cykel

ett _____ (tired) lejon

58 Plural or definite form? Tick the correct boxes.
▷ 43

	Definite	Plural
1. fina fiskar	☐	☐
2. äckliga monster	☐	☐

	Definite	Plural
3. det stora paketet	☐	☐
4. coola tjejer	☐	☐
5. den elaka styvmodern	☐	☐
6. den goda maten	☐	☐
7. den lilla myggan	☐	☐
8. små hästar	☐	☐
9. det långa håret	☐	☐
10. de roliga festerna	☐	☐

59 Transform the adjectives in the box into adverbs and fill in the blanks.
▷ 43

1. Mannen hoppade _____ upp i luften.
2. Sov så _____.
3. Vakten tittade _____ på oss.
4. Snigeln rörde sig _____ framåt.
5. Gentlemän klär sig _____.
6. Clownen går _____.
7. Kulstötare brukar kasta _____.
8. Min kompis målar _____.
9. Hon visslade _____ för sig själv.

10. Sportbilen åkte _____ förbi.

> hög – snabb – söt – ful – snygg
> långsam – glad – arg – lång – skojig

60 Fill in the blanks and compare the adjectives correctly. Beware of irregular forms!
▷ 44 ▷ 46

First degree	Second degree	Third degree
_____	_____	gladast
kort	_____	_____
_____	bättre	_____
_____	längre	_____
dålig	_____	_____
gul	_____	_____
trött	_____	_____
_____	_____	ledsnast
_____	äldre	_____
liten	_____	_____
ljus	_____	_____

First degree	Second degree	Third degree
_____	_____	tokigast
_____	fulare	_____
tråkig	_____	_____
_____	_____	godast
_____	mörkare	_____
_____	_____	finast
snygg	_____	_____
orolig	_____	_____
_____	_____	störst

61 How would you compare the following adjectives? Organize them into the correct box.
▷ 44 ▷ 45

mer/mest

stor fruktansvärd fantastisk lila
skadad liten hög magisk
trevlig röd

-(a)re/-(a)st

62 Fill in the blanks with the second degree form of the adjective.
▷ 44

1. Kvällen var _____ (rolig) igår.
2. Jag är _____ (söt) än du.
3. Sverige är _____ (stor) än Norge.
4. Hans hår är _____ (lila) än din jacka.
5. Kan det bli _____ (bra)?
6. Jag tänker inte vara _____ (dålig)!
7. Hon är _____ (lång) än sin mamma.
8. Den här idén är _____ (lovande) än din förra.

9. Går det att vara _____ (lycklig)?

10. Du blir _____ (fantastisk) för varje dag som går.

63 Fill in the blanks with the <u>third</u> degree form of the adjective.
▷ **44** ▷ **47**

1. Turning Torso är Sveriges _____ (hög) byggnad.
2. Du är den _____ (bra) jag vet.
3. Natten är den _____ (magisk) tiden på dygnet.
4. Solen är vår _____ (nära) stjärna.
5. Det här är hennes _____ (sen) platta.
6. Partiet är det _____ (liten) dåliga.
7. Han är den _____ (ond) kungen som någonsin levt.
8. Min lärare är den _____ (elak) på hela skolan.
9. Varför köpte du den _____ (dyr) mjölken?
10. Du är _____ (söt).

64 Create the present and past participle of the given verbs and complete the table.
▷ **50**

	Present	**Past**
baka	_____	_____
äta	_____	_____
läsa	_____	_____
berätta	_____	_____

	Present	**Past**
sy	_____	_____
mata	_____	_____
skaka	_____	_____
sjunga	_____	_____
skriva	_____	_____
sortera	_____	_____

65 Transform the following phrases by using the present or past participle.
▷ **49** ▷ **50**

1. Bagaren bakar.

_____

2. Polisen sjunger.

_____

3. Skatorna kraxar.

_____

4. Halsduken har stickats.

_____

5. Toalettborsten har använts.

___

6. Rummet har städats.

___

7. Flickorna visslar.

___

8. Jorden snurrar.

___

9. Affären har stängts.

___

10. Förhandlingarna har avbrutits.

___

The Basics

Adverbs

66 Organize the adverbs into the correct box.
▷ 52

Direction	Location

hem, upp, fram, uppe, här, hemma, ner, in, bort, framme, ute, borta, nere, inne, dit, där, ut, hit

67 Translate the following sentences into Swedish.
▷ 52

1. I'm going home now.

_____

2. The sun is going up.

_____

3. Come here!

_____

4. My cat is gone.

_____

5. Are you home now?

_____

6. The weather is nice outside.

_____

7. I want to go there some time.

_____

8. Look, there it is!

_____

9. Take the spider away!

_____

10. I'm feeling down.

_____

The Basics

68 Circle the adverbs (10).
▷ 53

N	X	A	O	C	K	S	Å	D	W
Å	P	L	F	T	S	I	L	H	B
G	K	D	Z	Y	A	M	Ö	R	A
O	O	R	N	Q	S	S	A	E	R
N	M	I	L	G	A	N	S	K	A
S	D	G	D	B	E	A	L	H	Z
T	Y	T	S	T	Å	R	A	L	T
A	S	D	N	U	B	T	J	V	L
N	X	I	A	C	V	P	Ö	T	V
S	Ä	C	P	Ö	R	E	D	A	N

69 Extract all adverbs, including particles, from the example sentences and write them in the box.
▷ 38 ▷ 53

1. Jag har redan ätit.
2. Var är hunden någonstans?
3. Hon skrattade så att hon nästan kissade på sig.
4. Det är zombies överallt.
5. Den där tavlan var ganska ful.
6. Du har inte heller gjort läxorna, va?
7. Min giraff åt tyvärr upp dem.
8. Musiken är annorlunda men bra.

9. Jag är alldeles slut.

10. Vaktmästaren kunde inte hitta sina nycklar någonstans.

70 Translate the following sentences into Swedish.
▷ **53**

1. The cat wants to play again.

___

2. She eats sand sometimes.

___

3. There are trees everywhere.

___

4. Don't go anywhere!

___

5. I'm only 20 years old.

___

6. I often speak Swedish.

_____

7. The meatballs are almost done.

_____

8. I always forget to get dressed.

_____

9. At least we have each other.

_____

10. You're both smart and beautiful.

_____

71 Connect the question words with the correct sentence.
▷ **54**

_____ åker tåget?	hur
_____ kommer maten?	var
_____ tycker du det?	när
_____ börjar filmen?	vart
_____ är affären?	varför
_____ mår du?	varifrån

The Basics

Prepositions

72 Fill in the blanks with the correct preposition.
▷ 55 ▷ 56

1. Boken ligger uppe _____ bordet.
2. Tåget åkte _____ tunneln.
3. Pojkarna gick tillsammans _____ sina föräldrar.
4. Jag kan inte leva _____ smör.
5. Kan vi inte sova _____ bar himmel?
6. Hon såg när han dansade _____ henne.
7. Alla böckerna står _____ varandra i hyllan.
8. _____ varje framgångsrik man står en kvinna.
9. Allt _____ himmel och jord.
10. Tjuven sprang _____ det hållet!
11. Alla barnen dansade _____ midsommarstången.
12. Imorgon åker vi _____ morfar.
13. Titta _____ dig, en trehövdad apa!
14. Vad finns det _____ paketet?
15. Jag kommer _____ fem minuter.
16. Det är min tur. Jag var ju här _____ dig.
17. Idag dricker vi vatten _____ juice.
18. Ät något _____ du svimmar.
19. _____ döden skiljer oss åt.
20. Tvätta händerna _____ att du har kissat.

73 Fill in the blanks with the correct preposition for the following expressions of time.
▷ 56 ▷ 116–119

1. Vi måste gå hem _____ tio minuter.

2. De var ett par _____ tre år innan de gifte sig.
3. Jag har lärt mig svenska _____ sex månader.
4. Vad gjorde du _____ helgen?
5. De slutförde bygget _____ en vecka.
6. Han lärde sig att vissla _____ två minuter.
7. Jag ringer _____ fem minuter.
8. Filmen höll på _____ hela fyra timmar.
9. Jag äter knäckebröd två gånger _____ dagen.
10. Vi har möte _____ måndag morgon.
11. Hur gick provet _____ fredags?.
12. Magnus tränade _____ en timme idag.
13. Programmet börjar _____ en kvart.
14. Bensinmacken har funnits här _____ 50 år.
15. _____ år har jag varit på sex konserter.
16. Vi måste gå _____ en liten stund.
17. Vännerna hade inte setts _____ över tio år.
18. Vart åkte du _____ somras?.
19. Hon kan lösa en Rubiks kub _____ en sekund.
20. Idag har jag pluggat svenska _____ en halvtimme.

74 Read the sentences and choose which preposition would be needed for a correct Swedish translation.
▷ 56 ▷ 117 ▷ 118

	på	i
1. We are eating at a restaurant.	☐	☐
2. They are living in the same street.	☐	☐
3. The car is standing in the way.	☐	☐

	på	i
4. I forgot my keys on the train.	☐	☐
5. You will find that at the store.	☐	☐
6. My boss lives in his office.	☐	☐
7. He spent his life at sea.	☐	☐
8. Anna was born in Gothenburg.	☐	☐
9. They've got a cottage in the countryside.	☐	☐
10. The nurse has a headache.	☐	☐

75 *På* or *i*? Fill in the blanks with the correct preposition.
▷ 56 ▷ 117 ▷ 118

1. Vi har ett hus _____ landet som vi bor _____.
2. Paret gick _____ bio efter middagen.
3. Min dejt har massa pengar _____ banken.
4. Han studerar _____ Stockholms universitet.
5. Linus glömde sin väska _____ skolan.
6. Barnet måste gå _____ toaletten.
7. Kocken står _____ köket.
8. Sofia älskar att vara _____ jobbet.
9. Jag satte mig längst bak _____ bussen.
10. Vi har gått vilse _____ skogen.
11. _____ bussen kunde de slappna av.
12. Han hade aldrig varit _____ Danmark.
13. Han skulle hellre vara _____ Island.

14. Barnen lekte _____ lekplatsen.
15. Affären befinner sig _____ Drottninggatan.
16. Han bjöd alla _____ öl _____ parken.
17. Skorna står _____ hallen.
18. Har du någonsin varit _____ Ikea?
19. Hunden ligger _____ sängen.
20. Sara älskar att ligga kvar _____ sängen.

Pronouns

76 Translate the following personal pronouns into Swedish.
▷ 57

I	_____	me	_____
you	_____	you	_____
he	_____	him	_____
she	_____	her	_____
it	_____	it	_____
we	_____	us	_____
you (plural)	_____	you (plural)	_____
they	_____	them	_____

77 Fill in the blanks with the appropriate personal pronoun.
▷ 57

1. Vill _____ att jag masserar dig?.
2. Jag träffade Martin idag. _____ har klippt sig.
3. Där är du ju! Jag har letat överallt efter _____.
4. Ska _____ gå på bio ikväll, du och jag?
5. _____ har huset för oss själva.
6. Kan _____ sänka musiken är _____ snälla.
7. Pengarna är slut. Jag spenderade _____ på smink.
8. Vad kan _____ göra för dig, min vän?

9. Bussen kommer! Spring så vi inte missar _____!
10. Jag behöver hjälp. Kan du hjälpa _____?
11. Säljer _____ lingonsylt här?
12. Ni får två veckor på _____.
13. _____ var faktiskt prinsessa av Arendal.
14. _____ regnar.
15. Vill _____ två följa med och handla?
16. Jag bjöd ut _____, men han tackade nej.
17. Var är mina skor? Jag kan inte hitta _____.
18. Mia är försvunnen. Har du sett _____?
19. _____ är inte klok Madicken.
20. Jag råkade skrämma katten. _____ är sur nu.

78 Translate into Swedish.
▷ 58

1. I can't find my keys.

_____

2. Is this your house?

_____

3. I've found your cat.

_____

4. It's a map to his treasure.

_____

5. Don't forget your clothes.

_____

6. Don't underestimate its potential.

_____

7. Why do you have her phone?

_____

8. Have you seen our new car?

_____

9. Their son is so mean.

_____

10. Mom, Dad, have you received your package yet?

_____

79 Choose the correct reflexive pronouns and fill in the blanks.
▷ 59

1. De ska gifta _____ innan gryningen.
2. Du måste tvätta _____ innan maten.
3. Jag slog _____ när jag gick in i väggen.
4. Hon kom av _____ när hon såg honom.
5. Vänd _____ om så får ni se.
6. Kan du ta _____ en titt på problemet?

7. Hon skrek till när hon såg _____ själv i spegeln.
8. Han kände _____ sjuk.
9. Har du hört att de har förlovat _____?
10. Ni måste bestämma _____ nu.
11. Jag kan inte koncentrera _____.
12. Tjejer, ta på _____ något fint. Vi ska ut ikväll!
13. Han tror tomten rakar _____ på sommaren.
14. Hon har lärt _____ svenska helt själv.
15. Lejonet slickade _____ om munnen.
16. Älskling, ta av _____ kläderna.
17. Vi måste skynda _____!
18. Aj! Jag satte _____ på ett piggsvin.
19. Hör du, lägg av. Ge _____ nu!
20. Du, vi anmäler _____ till en kurs!

80 Fill in the blanks with the correct possessive pronoun.
▷ **60**

1. Adam och _____ fru är ute med _____ hundar.
2. Hon kan inte följa med. _____ pass har gått ut.
3. Han fick 500 kr av chefen för att tvätta _____ bil.
4. Hon gjorde slut med _____ kille.
5. Emma missade _____ tåg med en hårsmån.
6. De fick inte sova inatt. _____ barn höll dem vakna.
7. Regeringen drog tillbaka _____ uttalande.
8. Resenären visade _____ biljett.
9. Tomas är på verkstaden. _____ bil är trasig.
10. Pensionärerna är här med _____ husbilar.
11. Nils åker till Åre med _____ familj varje vinter.
12. Han och _____ familj är alla från Grekland.
13. Tove kan inte ringa för man har tagit _____ mobil.

14. De letar bil eftersom _____ bil gått sönder.
15. Alla har _____ laster.
16. Det här är Charlotte och _____ mamma.
_____ mamma är sjukgymnast.
17. Roger meckar medan _____ bror säljer Japp.
18. Paret trivs i _____ nya hem.
19. Jag avskyr våra grannar och _____ barn.
20. Hon kysste _____ pojkvän istället för sin egen.

81 Draw a line between the nouns and their appropriate demonstrative pronouns. Pay attention to the correct forms!
▷ 61

kvinna brev dator cykeln slottet kamera bil boken byn

| denna | detta | den här | det här |

kaffet liv skola lastbilen vin apa staden huset

82 Connect the question words with the correct sentence.
▷ **62**

_____ tröja vill du ha?	vilka
_____ heter du?	vem
_____ är de?	vad
_____ ringde?	vilken
_____ hus bor hon i?	vilket

83 Translate into Swedish.
▷ **62**

1. I finally have my own apartment.

___

2. Can someone help me?

___

3. She fixed her roof by herself.

___

4. They taught themselves Swedish.

_____

5. Ester has the same shirt at home.

_____

6. No one came to the meeting.

_____

7. The letter vanished the next day.

_____

8. We have the same mother.

_____

9. Jonas wanted to do something else.

_____

10. The students went to the last bar.

_____

Conjunctions & Subjunctions

84 Fill in the blanks with the correct conjunction.
▷ 63

1. Frida _____ Ove är ett par.
2. Vi måste gå till affären _____ till banken.
3. Han fick en ny klocka _____ en puss på kinden.
4. Kommer du på lördag _____ söndag.
5. Peter är sjuk _____ jobbar ändå.
6. Bilen är inte fin _____ fungerar bra.
7. De är bortresta _____ de kan inte komma.
8. Vi säljer mat _____ dryck _____ souvenirer.
9. Hunden vill inte gå ut _____ det regnar.
10. Ska vi gå hem till dig _____ till mig?

85 Translate into Swedish.
▷ 64

1. The man who knew to much.

___

2. It looks like chocolate.

___

3. Cornelis works as a troubadour.

___

4. I married the cop who arrested me.

_____

5. The café that I told you about.

_____

6. We lived there as kids.

_____

7. You're the one that I want.

_____

8. The princess was like a sister to me.

_____

9. This is like a dream.

_____

10. That's the house that grandpa built.

_____

86 Choose the correct translation of *because* and fill in the blanks. Remember that you sometimes can choose whichever word, sometimes you can't
▷ 64 ▷ 225–228

1. Idag blir det godis _____ det är lördag.
2. Lisa kommer inte _____ hon är sjuk.
3. _____ det bara är så!
4. _____ du varit så duktig ska du få en belöning.
5. Bilen fungerar inte _____ vi har krockat.
6. Jag vill se den här filmen _____ den är bäst!
7. _____ det snöar kan vi åka kälke.
8. Amanda älskar bullar _____ de luktar så gott.
9. Vi måste handla _____ mjölet är slut.
10. Han gick hem _____ det började bli sent.

87 Fill in the blanks with the correct subjunction.
▷ 64

1. Hon älskade sin syster _____ var dum.
2. Kan du flytta på dig _____ jag kommer förbi?
3. Vänta här _____ jag går in i affären.
4. Den där hunden är mycket lugnare _____ den där.
5. USA är större _____ Sverige.
6. Vänta _____ vi kommer fram.
7. Vi kom in _____ muta dörrvakten.
8. Fredriks näsa är sned _____ han fick stryk igår.
9. Han missade samtalet _____ telefonen var trasig.
10. _____ maten ar god är det alldeles för dyrt.
11. Var tyst _____ vi kan höra!

12. Grannen använder min soptunna _____ jag sagt till.
13. _____ det stämmer ju inte.
14. Gunvor gillar inte tomater _____ de är så röda.
15. Moa sjunger _____ hon lagar mat.
16. Det är en halvtimme kvar _____ gästerna kommer.
17. Man gör maräng _____ vispa äggvita och socker.
18. _____ jag är tröttare _____ du får jag sova.
19. _____ jag är tröttare _____ du får du sova.
20. De dansade _____ natten blev dag.

Numbers

88 Write out the following numbers with letters.
▷ **65**

52   _____

678   _____

1 800 678   _____

            _____

5635   _____

            _____

28   _____

145   _____

300   _____

12   _____

4367   _____

            _____

10 849   _____

            _____

89 Transform the following numbers into ordinal numbers. Write out the whole words.

▷ **66**

en	_____	sjutton	_____
två	_____	arton	_____
tre	_____	nitton	_____
fyra	_____	tjugo	_____
fem	_____	trettio	_____
sex	_____	fyrtio	_____
sju	_____	femtio	_____
åtta	_____	sextio	_____
nio	_____	sjuttio	_____
tio	_____	åttio	_____
elva	_____	nittio	_____
tolv	_____	hundra	_____
tretton	_____	tusen	_____

A Lagom Workbook for Swedish

fjorton	_____	miljon	_____
femton	_____	miljard	_____
sexton	_____	biljon	_____

Pronunciation Secrets

90 Organize the vowels into *hard* and *soft* by drawing a line to the right box.

▷ 68

ä   u   i   e

| hård | mjuk |

o å   a   y   ö

91 The following words have lost their diacritics (accents, dots, and rings). Look at the translation and transform *a* and *o* to *å*, *ä*, and *ö* where needed.

▷ 70

to say	→	saga	hug	→	kram
man	→	man	kitchen	→	kok
cheese	→	ost	rake	→	rafsa
onion	→	lok	to measure	→	mata
fairy tale	→	saga	master	→	mastare
to feed	→	mata	shell	→	snacka

to rob	→	rana	train engine	→	lok
to carry	→	bara	next	→	nasta
to sleep	→	sova	toes	→	tar
to lozen	→	lossa	said	→	sa

92 Long or short vowel? The following words have their main stress on the first syllable in Swedish. Translate them and determine if the stressed vowel is short or long by ticking the correct box.
▷ **69**

		long	short
to hunt	_____	☐	☐
cook	_____	☐	☐
hug	_____	☐	☐
verdict	_____	☐	☐
pine tree	_____	☐	☐
cheese	_____	☐	☐
speech	_____	☐	☐
to boil	_____	☐	☐

Pronunciation Secrets

		long	short
and	_____	☐	☐
to assume	_____	☐	☐
to play	_____	☐	☐
girl	_____	☐	☐
candle	_____	☐	☐
to be enough	_____	☐	☐
arm	_____	☐	☐
cup	_____	☐	☐
teacher	_____	☐	☐
cat	_____	☐	☐
onion	_____	☐	☐
shrimp	_____	☐	☐

93 The letter *o* is sometimes pronounced like /o/ and sometimes like /å/. Which one is it? Take a look at the words and write them in the correct box.
▷ 69

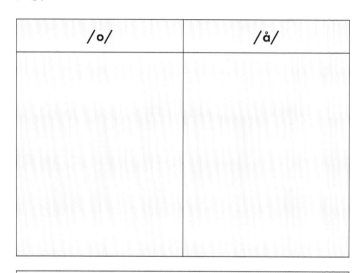

/o/	/å/

sova – lom – Rom – skog – skott – son – moln – zoo
rom – soppa – grotta – ropa – kock – tro – noll – mod

94 The following words all begin with a so called *tje* sound but how do you spell it? Fill in the blanks with the correct letters.
▷ 79 ▷ 80 ▷ 84

____ärlek   ____uv   ____ata   ____ili

____ol   ____änga   ____älla   ____änare

____isa	____ura	____illa	____osk
____ilo	____ell	____ela	____uta
____ina	____äft	____ock	____ött
____äpp	____änna	____ind	____ikare
____ista	____ej	____ur	____irurg
____änst	____afsa	____ugo	____är

95 Translate the following words into English and determine how to pronounce the initial *k* by ticking the correct box. Should it be hard or soft?

▷ **84**

		hard	soft
keps	_____	☐	☐
kille	_____	☐	☐
kör	_____	☐	☐
kyrka	_____	☐	☐
kex	_____	☐	☐
kilo	_____	☐	☐
kejsare	_____	☐	☐

		hard	soft
kök	_____	☐	☐
kisse	_____	☐	☐
kebab	_____	☐	☐
kit	_____	☐	☐
ketchup	_____	☐	☐
kemi	_____	☐	☐
killa	_____	☐	☐

96 How do you spell the *sje* sound with these words? Fill in the blanks with the correct spelling.
▷ 79 ▷ 81 ▷ 84

____uk   ____uta   pen____on   ____ack

____iraff   sta____on   ____oppa   ____ournalist

____yldig   ____ynda   ____ikt   ____älv

____eni   ____ylt   ____ägg   ____arm

____utsa   ____inka   ____it   ____oklad

____orta   ____ans   ____äla   ____ampoo

____imra   rela____on   ____ysst   ____ow

____öta   ____ärna   pa____on   ____äl

97 Sort the words into the correct box. Is the *g* pronounced hard like /g/ or soft like /j/?
▷ 84 ▷ 85

/g/	/j/

gilla – helg – gök – gädda – laga – groda – säga
gunga – genast – dig – getto – gylf – älg – gammal
genväg – mig – gömma – gap – gympa – saga – deg

98 All of these words begin with *sk* but some are pronounced with the *sje* sound. Translate them and determine if *sk* is to be pronounced hard or soft.
▷ 79 ▷ 81 ▷ 84

		hard	soft
skola	_____	☐	☐
skepp	_____	☐	☐
skal	_____	☐	☐
skära	_____	☐	☐
skina	_____	☐	☐
skum	_____	☐	☐
skada	_____	☐	☐
skida	_____	☐	☐
skämmas	_____	☐	☐
skit	_____	☐	☐
skata	_____	☐	☐
skynda	_____	☐	☐

Pronunciation Secrets

		hard	soft
skura	_____	☐	☐
skylt	_____	☐	☐

99 Sort the words beginning with *k*, *g* or *sk* by placing each word into the boxes for hard and soft sounds.
▷ 79–81 ▷ 84 ▷ 85

hard	soft

gäst – sko – skämt – gissa – kartong – skimra – kontor
gorma – kyrka – sköta – gammal – kela – gynna – Kina
källa – skumpa – köpa – genom – gul – skarp – skylt
gömma – kula

100 Use the *Swedish alphabet* to write out the *pronunciation* of the following words. Use a colon (:) to highlight long sounds, *tj* for *tje* sounds and *sj* for *sje* sounds.
▷ **79–81**

skata	_____	kalas	_____
kärlek	_____	kille	_____
skylt	_____	kila	_____
gym	_____	gom	_____
sjuk	_____	stjärna	_____
snygg	_____	ljus	_____
skev	_____	göra	_____
kex	_____	sova	_____
giraff	_____	skrot	_____
djur	_____	sken	_____

101 *Dj*, *gj*, *hj*, and *lj* are all pronounced as /j/ in the beginning of a word but which word is spelled with which consonant cluster? Add the correct inital letter and translate the words into English.
▷ 86

___jul   _____   ___juv   _____

___jur   _____   ___jälm   _____

___jus   _____   ___jud   _____

___jorde   _____   ___jungel   _____

___jälp   _____   ___jort   _____

___juga   _____   ___jävul   _____

___jup   _____   ___järna   _____

102 Which pitch accent belongs to which word? Read the words out loud and tick the correct boxes.
▷ 92 ▷ 93

	I	II
anden (the spirit)	☐	☐
buren (the cage)	☐	☐
gifter (poisons)	☐	☐

	I	II
huggen (stabbed)	☐	☐
gifter (is marrying)	☐	☐
biten (bit)	☐	☐
borsten (the brush)	☐	☐
vaken (awake)	☐	☐
anden (the duck)	☐	☐
biten (the piece)	☐	☐

103 Read the spoken Swedish transcripts and transform them into proper written Swedish.
▷ **94–115**

1. /vasaaan?/

_____

2. /humååru?/

_____

3. /viaremblåbiil/

_____

Pronunciation Secrets

4. /vilduanåtådricka?/

5. /dengkostaundrakrooner/

6. /treevlitåträffas/

7. /vajööru?/

8. /vaeterduurå?/

9. /vafikduifölsedaspresennt?/

10. /skavijööranåtieljen?/

11. /klokanfyyrabörjamötet/

12. /vikenfinklänningduapårej/

13. /jaetjufyyraårgamal/

14. /javaiparrkenmeminakommpisarengkväl/

15. /nåågongångkangske/

16. /jaringerejimorrn/

17. /jasammlarpågulabrammbiilar/

18. /lungnarejlitesågårebättre/

19. /jaätejärnasmörrgåssariträggårn/

20. /honittaengkantarellivässkan/

Confusing Things

104 Translate into Swedish.
▷ 116–118

1. The book is on the table.

___

2. You'll find the book at the library.

___

3. The painting is hanging on the wall.

___

4. I live in Ireland.

___

5. The police knocked on his door.

___

6. She is looking at the stars in the sky.

___

7. Can you say it in English?

___

8. Teenagers are angry with everyone.

_____

9. I think we should go to the movies.

_____

10. Turn on the TV!

_____

105 Highlight the correct preposition.
▷ 117 ▷ 118

1. Jag duschar alltid **på/i** kvällen istället för **på/i** morgonen.
2. Kompisarna träffades **på/i** Stockholm.
3. Mona Lisa hänger **på/i** Louvren.
4. **På/I** julen får man ta det lugnt.
5. Du borde lita mer **på/i** mig.
6. Sofi går fortfarande **på/i** skolan.
7. Vulkanerna **på/i** Island är häftiga.
8. Pär studerar **på/i** universitet fast han är pensionär.
9. Vad ska vi göra **på/i** kväll.
10. Barnen hoppar **på/i** sängen.
11. Det finns inget mjöl **på/i** affären.
12. Men det finns bensin **på/i** bensinmacken.
13. Vi måste bli klara **på/i** fem minuter.
14. Vart ska du åka på semester **på/i** sommar.
15. De sågs **på/i** fredags.

16. Jag har lärt mig svenska **på/i** två år.
17. Mötet är **på/i** måndag.
18. Vi ses **på/i** Hasses Pizzeria.
19. **På/I** sommaren är det ofta varmt.
20. Hon satt **på/i** tåget på väg mot sitt livs äventyr.

106 Translate into Swedish by using temporal phrases with *på* and *i*.

1. We went to Åre last winter.

2. I love the flowers in the spring.

3. Are we going to meet up on Saturday?

4. Maria had such a weird dream last night.

5. I had breakfast this morning.

6. They kissed last weekend.

7. I want to go to Italy next summer.

___

8. It's usually dark during the night.

___

9. It's her birthday this weekend.

___

10. I did that on Tuseday.

___

107 Choose the correct preposition by ticking the correct box.
▷ 117–119

	på	i	om
1. Han har inte varit hemma __ en vecka.	☐	☐	☐
2. Polisen kommer __ fem minuter.	☐	☐	☐
3. Det har inte snöat __ tre år.	☐	☐	☐
4. Vi får ingen post förrän __ en vecka.	☐	☐	☐
5. Hon läste __ en kvart innan hon gick och lade sig.	☐	☐	☐

	på	i	om
6. Vi ses ___ en månad!	☐	☐	☐
7. Bandet spelade ___ någon minut innan de avbröt konserten.	☐	☐	☐
8. Det är bara jul en gång ___ året.	☐	☐	☐
9. Jag har pluggat svenska ___ sex månader.	☐	☐	☐
10. Barnen har inte ätit ___ fyra dagar.	☐	☐	☐
11. Filmen börjar ___ en kvart.	☐	☐	☐
12. De hade inte setts ___ år och dar.	☐	☐	☐
13. Det är vanligt att äta tre mål ___ dagen.	☐	☐	☐
14. Karina tjänar 40 000 kr ___ månaden.	☐	☐	☐
15. Men det blir mer ___ tre månader.	☐	☐	☐
16. Frans väntade ___ tjugo minuter.	☐	☐	☐
17. Jag har inte gått i skolan ___ tjugo år.	☐	☐	☐
18. Jag måste gå ___ en stund.	☐	☐	☐

	på	i	om
19. Hon läste ut boken ___ en halvtimme.	☐	☐	☐
20. Vi brukar träffas en gång ___ veckan.	☐	☐	☐

108 Translate into Swedish.
▷ 119

1. Don't mind him.

_____

2. We have to redo everything.

_____

3. Julia ran past her competitors.

_____

4. On the show they compete for 1,000,000 kr.

_____

5. Will you take care of me when I'm old?

_____

6. I bet he's rich.

_____

7. Why fight over an ice cream?

_____

8. The teacher told the children he had been fired.

_____

9. We have to turn back!

_____

10. She hugged her sister.

_____

109 Find the verbs connected to the preposition *om* in the sentences you just translated and sort them in *particle verbs* and *regular verbs with a preposition*.
▷ 119

Particle verbs	Regular verbs

Confusing Things

110 *Mot* or *emot*? Fill in the blanks.
▷ 120

1. De demonstrerade _____ höjda skatter.
2. Hon gick _____ dörren och slog sig.
3. Filip gick _____ domkyrkan.
4. Vi ser fram _____ helgen.
5. Alla måste gå _____ utgången.
6. Jag måste stanna hemma och ta _____ ett paket.
7. Det blir regn fram_____ kvällen.
8. Hon sade att partiet inte har något _____ invandrare.
9. Hennes tonåring gör alltid allt tvärt_____.
10. Man måste gå _____ strömmen ibland.

111 *Från* or *ifrån*? Fill in the blanks.
▷ 121

1. De sprang _____ polisen.
2. Han kommer _____ Indonesien.
3. Hästen blev _____sprungen.
4. Var kommer hon _____?
5. Flickorna kom _____ klassen och gick vilse.
6. Turisten gick _____ slottet till torget.
7. Hon behövde gå _____ ett tag.
8. Karl blev _____tagen sitt pass.
9. Prinsen körde _____ alla på rallybanan.
10. Hon cyklade _____ Italien till Svalbard.

112 Circle all *ett* words.
▷ 2 ▷ 123

gädda, pris, kärlek, mikroskop, bibliotek, skräddare, bageri, tisdag, museum, Mount Everest, telefon, rådjur, Amerika, flicka, monument, zebra, sommar

113 Translate into Swedish.
▷ 14–16 ▷ 124

1. Colombian coffee is their favorite coffee.

___

2. One coffee, please.

___

3. This is a beer from Germany.

___

4. How do you make Turkish coffee?

___

5. Do you want another beer?

___

Confusing Things

6. I would like to order a water.

_____

7. This glacier water from Iceland is cold.

_____

8. Today we're trying five different beers.

_____

9. One more coffee, please.

_____

10. He drank twelve beers yesterday evening.

_____

114 Complete the sentences by choosing the appropriate word from the collection and the correct determinative pronoun.
▷ **125**

1. _____, som han föddes på, ska rivas.
2. Han har bokat _____ som vi bodde på ifjol.
3. Välj _____ som har luva.
4. Vi ska rensa och steka _____ som vi hittade igår.
5. Jag valde _____ som var saftigast.
6. Hon gick till _____ som hade vitast sand.
7. Det var _____ som alla kändisar flugit med.
8. Reklamen var för _____ som alla talade om.

9. Hon ville besöka _____ där Mozart föddes.
10. _____, som jag växte upp i, finns inte längre.
11. Hans & Greta gick in i _____ som häxan hade sitt pepparkakshus i.
12. Polisen lade beslag på _____ som hade används för att hacka regeringskansliet.
13. Han grät när han hörde _____ som spelats på deras bröllop.
14. Låt mig få bli _____ jag vill vara.
15. Ta på dig _____ som har fickor.
16. Raketen åker mot _____ som ligger närmast jorden.
17. Bilen körde in på _____ där kontoret låg.
18. Min fru ville prompt ha _____ som var mjukast.
19. _____, som kvittrade högst, var en koltrast.
20. De hade vält _____ som tillhörde diktatorn.

---

hus – flygplan – företag – gravsten – stad – man – päron
byxor – gata – hotell – strand – jacka – madrass – låt
skog – kantareller – fågel – sjukhus – dator – planet

---

115 Transform the following phrases into sentences with the general *det*.
▷ **127**

en fisk i sjön → *Det finns en fisk i sjön.*

mjölk i kylskåpet → _____

mat på bordet → _____

kallt i Skandinavien → _____

en bok i bokhyllan → _____

en man på sängen → _____

lördag idag → _____

mörkt på natten → _____

många barn i världen → _____

ett brev i brevlådan → _____

116 Rewrite the following sentences to include *ha*, *har*, or *hade*.
▷ **128**

1. Det skulle vi aldrig gjort.

_____

2. Hon är trött eftersom hon inte sovit.

_____

3. Liv läste en bok hon aldrig läst förut.

_____

4. Löparna måste svettats mycket.

_____

5. Fast han ätit var han fortfarande hungrig.

_____

6. Det skulle snöat igår.

_____

7. Vi skulle inte gjort det om vi vetat.

_____

8. Han fick spela trots att han skadat sig.

_____

9. Markus ringde inte eftersom han tappat sin mobil.

_____

10. Hon är inte kvar eftersom hon gått hem.

_____

117 Strike through any *som* that isn't necessary.
▷ **129**

1. Filmen, som vi ska se, börjar snart.
2. De skor, som användes i filmen, finns på museum.
3. Jag vet inte vem som ringde.
4. Det här är det bästa som jag någonsin ätit.
5. Bandet, som spelar ikväll, kommer från Finland.
6. Det slutade regna som tur var.

7. Mannen som visste för mycket.
8. Jag läser boken just nu som alla talar om.
9. Han tog på sig klockan som hade tillhört hans far.
10. Hon gjorde som hon blev tillsagd.

118 Can you leave out the main verb in the following sentences? Tick the right box.
▷ 130

	yes	no
1. Du måste gå till doktorn!	☐	☐
2. Jag ska diska stekpannan först.	☐	☐
3. Hon tänkte att hon borde tvätta håret.	☐	☐
4. Mördaren ville komma in i huset.	☐	☐
5. Vi ska åka på semester.	☐	☐
6. Kan vi gå på bio ikväll?	☐	☐
7. Felix var för trött för att kunna borsta tänderna.	☐	☐
8. Vännerna skulle åka till Stockholm.	☐	☐
9. Du måste se min nya hund!	☐	☐
10. Vi måste springa ut härifrån!	☐	☐

119 Fill in the blanks with the correct helper verb in the correct tense (*skola, få, böra, kunna*).
▷ 131–134

1. Imorgon _____ laget spela hemmamatch.
2. Du _____ städa ditt rum nu, unge man!
3. Advokaten har sagt att vi _____ läsa igenom kontraktet först.
4. Det gör inge. Vi _____ köpa en ny.
5. Men nu _____ du väl skärpa dig?
6. Det _____ regna så vi _____ kanske ta in dynorna?
7. Vi _____ se hur vi gör.
8. Hon _____ ta och duscha först.
9. _____ du _____ ge mig ett glas vatten?
10. Om hon varit på stranden _____ hon fått färg.
11. Markus _____ inte begripa vad som hänt.
12. På nyårsafton _____ man skjuta raketer.
13. Jag _____ tyvärr inte tala så bra svenska än.
14. Vi _____ tyvärr inte tala om det. Det är hemligt.
15. Min bror _____ vara här vilken minut som helst.
16. Varför _____ du sluta röka?
17. Lena _____ aldrig ha kommit, om hon inte fått en inbjudan.
18. Han _____ söka nytt jobb, tycker jag.
19. Vad _____ du göra nu?
20. Ursäkta, _____ du hjälpa mig?
21. Man _____ inte gå in där. Det är förbjudet.
22. Du, vi _____ se över vår ekonomi.
23. _____ du snälla gå härifrån?

24. De _____ tydligen ha köpt ett nytt hus.
25. _____ alla fåglar flyga?
26. Utan körkort _____ man inte köra.
27. När barnen var hemma _____ han ingenting gjort.
28. Har du tappat din plånbok? Då _____ vi gå och leta!
29. _____ jag hämta tidningen åt dig?
30. Jag tycker pappa _____ raka sig. Han ser så konstig ut annars.

120 Translate the following sentences into Swedish. Replace the verb *to be* with *stå, ligga, sitta*.
▷ 138

1. The painting is on the wall.

___

2. The book is in my lap.

___

3. The food is on the table.

___

4. The beer is in the fridge.

___

5. The car is in the garage.

_____

6. The sun is high in the sky.

_____

7. The nail is in the tree.

_____

8. The book is in the book case.

_____

9. The money is in the envelope.

_____

10. There is a man behind the curtains.

_____

121 Use the words to create a sentence in the present tense. Choose the appropriate translation for *to put* (*ställa, lägga, sätta*).
▷ 139

| på, sängen, han, sig | → | _____ |
| blomma, i, hon, håret, en | → | _____ |

Confusing Things

paketet, under, jag, granen → _____

där, stolen, du → _____

han, i, tvätten, korgen → _____

alla, hon, på, bordet, korten → _____

lappen, jag, anslagstavlan, på → _____

en, midsommarstång, vi, ängen, på → _____

på, chips, bordet, jag → _____

blommorna, han, vas, i, en → _____

122 Reply to the questions and statements with the correct words for *yes* and *no*. Use complete sentences.
▷ 141 ▷ 142

1. Är du från Sverige? (negative)

Nej, det är jag inte.

2. Regnade det inte igår? (negative)

_____

3. Får vi ingen mat? (affirmative)

_____

4. Han är inte särskilt smart. (affirmative)

_____

5. Imorgon ska det regna, eller hur? (affirmative)

_____

6. Hon har gift sig. (negative)

_____

7. Heter hon inte Petra? (affirmative)

_____

8. Är de poliser? (affirmative)

_____

9. Har du inga pengar med dig? (affirmative)

_____

10. Kan du hjälpa inte mig? (affirmative)

_____

Confusing Things

123 Should *inte* stand in front of or behind the verb? Fill in the correct blanks.
▷ 144

1. Jag _____ har _____ duschat på en vecka.
2. För att han _____ kan _____ hjälpa dig!
3. Maria _____ tycker _____ om _____ ost.
4. De _____ är _____ farliga.
5. Gå nu så att du _____ kommer _____ för sent.
6. Paul _____ ser _____ tåget som kommer.
7. Barnet _____ hittar _____ sin mössa.
8. Eftersom banken _____ har _____ stängt.
9. Kan du _____ ge _____ mig lite korv?
10. Du borde _____ sätta _____ på _____ tv:n.

124 *Också* or *heller*? Fill in the right word in the correct gap.
▷ 146

1. _____ han _____ har _____ en cykel _____.
2. _____ jag _____ kommer _____ från _____ Estland _____.
3. _____ jag _____ kan _____ inte _____ läsa _____ i _____ mörkret _____.
4. _____ i _____ Finland _____ talar _____ man _____ svenska _____.
5. _____ Louise _____ hann _____ inte _____ till _____ mötet _____.

6. _____ vi _____ vill _____ ha _____ glass _____.
7. _____ du _____ får _____ inte _____ väsnas _____.
8. _____ Mia _____ gillar _____ inte _____ smör _____.
9. _____ den _____ filmen _____ börjar _____ inte _____ än _____.
10. _____ ska _____ vi _____ bada _____?

125 Translate the following sentences into Swedish.
▷ **147**

1. I have my own apartment.

_____

2. Sanna has her own money.

_____

3. The boy has his own little teddy bear.

_____

4. They have their own house.

_____

5. They went outside into their own garden.

_____

6. Lars peels his own oranges.

_____

7. The actor is watching his own movie.

_____

8. The dog had his own bowl.

_____

9. Your own home is always best.

_____

10. Can I have my own video game?

_____

126 Decline the Swedish adjective *liten*.
▷ 151

Indef. Neuter	**Definite**	**Plural**
_____	_____	_____

127 Compare the Swedish adjective *liten*.
▷ 151

First degree	Second degree	Third degree
liten/litet	_____	_____

128 Fill in the blanks.
▷ 151

1. Det där är _____ (the smallest) diamant jag sett.
2. Kan jag få _____ (a small) portion?
3. Han var särskilt förtjust i _____ (small) hundar.
4. Har du sett _____ (the small) fåglarna?
5. _____ (the small) lampan lyste rött.
6. Kan jag få _____ (a small) matbit?
7. Vi har _____ (a small) problem, min vän.
8. Kalle har just fått _____ (a small) barn.
9. Hans trädgård är _____ (smaller) än grannens.
10. Jag älskar _____ (the small) sakerna i livet.

129 Circle the correct word which fits with the context.
▷ 153

1. I have yet another gift for you.

    annan – annat – andra – till

2. I don't like this ring. May I see a different one?

    annan – annat – andra – till

3. Let's do it another time.

>   annan – annat – andra – till

---

4. Can I have another drink?

>   annan – annat – andra – till

---

5. On the second day, God created meatballs.

>   annan – annat – andra

---

6. Stop! Please, sing a different song.

>   annan – annat – andra – till

---

7. Have you seen the others?

>   annan – annat – andra – till

---

8. Would you like to go on a second date?

>   annan – annat – andra – till

---

9. On the sign there was a different price.

>   annan – annat – andra – till

---

10. One more time!

>   annan – annat – andra – till

Old Swedish Relics

130 Translate the following sentences. Use the construction *till + the possessive form*.
▷ **154**

1. I'm going to bed now.

   _____

2. The neighbor's house is for sale.

   _____

3. He is satisfied with his life.

   _____

4. Sometimes you have to be patient.

   _____

5. The fox ran into the forest.

   _____

6. I always have stamps at hand.

   _____

Old Swedish Relics

7. I don't care for childish quarrels.

_____

8. The vikings were lost at sea.

_____

9. The company accomodated the customers.

_____

10. We have bikes for loan.

_____

131 Translate the following good-to-know expressions into English.
▷ **157–159** ▷ **163** ▷ **164**

å ena sidan	→	_____
å andra sidan	→	_____
det vete katten	→	_____
vare sig du vill eller inte	→	_____
det vore bra	→	_____
komma i rättan tid	→	_____
skrika i högan sky	→	_____

skämt åsido   → _____

på sistone   → _____

i sinom tid   → _____

Mistakes Even Swedes Make

132 Read the following replies out loud. Which Swedish word for *where* would you use to transform them into questions? Draw a line from each phrase to the correct word.
▷ 165

Jag ska åka till affären.
Katten är i kartongen.
Mjölken finns i kylskåpet.
Han lade nycklarna på byrån.
Hon kommer från Finland.

| var | vart |

Hon är hemma.   Svalbard ligger i Norge.
Räven springer mot skogen.   Fåglarna flyger söderut.

133 *Innan* or *före*? Fill in the blanks with the correct word.
▷ 167

1. Läraren kom till lektionen _____ barnen.
2. Ägg står _____ mjölk på min inköpslistan.
3. Gå _____ pappa ser dig!
4. Jag såg att grannen stod _____ mig i kön.
5. Hon ville göra det _____ sin födelsedag.
6. Var du här _____ mig?
7. Han gick _____ dem på vägen.
8. Tårtan var klar redan dagen _____.
9. Studenten låg _____ med projektarbetet.
10. Vi måste köpa en gran _____ jul.

134 Sort the words into the correct box depending on if they are countable or not.
▷ 169

mycket/lite	många/få

juice – choklad – pojkar – fingrar – vatten – kaffe – öl
systrar – bröd – pizzor – lastbilar – ost – fåglar – hus

135 *Hans/hennes/deras* or *sin/sitt/sina*? Fill in the blanks with the appropriate possessive pronoun.
▷ 60 ▷ 172

1. Pappan älskar _____ barn.
2. Kunden ville ha tillbaka _____ pengar.
3. Benny och _____ mamma är på restaurang.
4. Jag såg grannen stå i _____ kök.
5. Har du sett _____ tatueringar?.
6. Laura ville gå i _____ mammas fotspår.
7. Han älskade _____ tröja som _____ flickvän hade köpt åt honom.

8. Hon hatade _____ jobb.
9. Vi ska träffa Mats och _____ nya fru.
10. Chefen ångrade _____ beslut.

Polite Swedish

136 *Tack* or *snälla*? Fill in the blanks with the correct word for *please* in Swedish!
▷ 175 ▷ 176 ▷ 178

1. _____, kan du hjälpa mig?
2. Jag skulle vilja ha en kanelbulle, _____.
3. Men _____, lägg av.
4. Kan jag _____ få en till?
5. Ett månadskort, _____.
6. Skulle jag kunna få lite mer kaffe, _____?
7. _____, jag kan väl få en?
8. _____, vad du är snäll.
9. _____ människa, vad gör du?
10. Kan jag få en röd ryggsäck, mamma? _____!

137 Turn the demands into polite requests with *skulle jag kunna få* or *skulle du kunna*.
▷ 177

1. Jag vill ha en cykel.

_____

2. Ge mig senapen!

_____

Polite Swedish

3. Jag ska ha en hund.

_____

4. Jag vill gå och bada.

_____

5. Hämta ett glas saft!

_____

6. Jag vill ha en kopp kaffe.

_____

7. Ge hit pennan!

_____

8. Massera mina fötter!

_____

9. Ge mig en lott!

_____

10. Gå härifrån!

_____

Vocabulary

138 *Gå*, *åka* or *skola* – which Swedish word would you use for *to go* in the following sentences?
▷ **183**

We're going to buy a dog.	_____
He goes to school.	_____
I want to go to Åland.	_____
Erik is going to Bali on vacation.	_____
I'm going to go to the bathroom.	_____
Let's go to the store!	_____
Hop in your car and go home!	_____
May I go now?	_____
Go up to him and confess your love!	_____
We need to go to the hospital.	_____

Vocabulary

139 Translate the following sentences into Swedish.
▷ **184**

1. I'm learning Swedish.

___

2. She's teaching him to love.

___

3. I teach economics.

___

4. They got to know each other at a party.

___

5. He taught himself to write when he was four.

___

6. You need to teach me how to juggle.

___

7. I'm learning how to read.

___

8. I teach people how to cook.

___

9. Babies don't need to learn how to scream.

_____

10. She is going to teach you a lesson.

_____

140 *Leka* or *spela*? Pick the correct word and fill in the blanks. Remember to conjugate the verb accordingly.
▷ **186**

1. De _____ med dockor tillsammans.
2. Ska vi _____ monopol?
3. Han älskar att _____ basket med sin dotter.
4. I Sverige _____ man ofta bandy.
5. Sluta _____ med mina känslor.
6. Vi ska hem till Fabian och _____ kort.
7. Hon gillade att _____ affär.
8. Ska vi _____ tv-spel?
9. Det går inte att _____ fotboll i leran.
10. Jag tänker inte _____ efter deras regler längre.

Vocabulary

141 What type of baked goods are being described? Tick the correct boxes.

▷ 188

	kaka	kex
stor, mjuk och rund	☐	☐
runt, platt och mjukt bröd	☐	☐
spröd, salt och liten	☐	☐
liten, torr och sötad	☐	☐
mjuk och liten	☐	☐

142 *Prova* or *pröva*? Translate the English sentences into Swedish by using one of these two verbs.

▷ 190

1. They are trying on clothes for the party.

_____

2. Can I try?

_____

3. We need to test the breaks.

_____

4. Try and whistle!

_____

5. Have you tried this whisky?

_____

6. She tried on her mom's glasses.

_____

7. Have you tried calling them?

_____

8. The case is being tried in court.

_____

9. Try the soup!

_____

10. I'll try to turn it off and on again.

_____

143 When would you use *tycka*, *tänka*, and *tro*? Read the English sentences and tick the boxes for which verb you would use to translate *to think/thought* in that context.
▷ 191–193

	tänka	tycka	tro
1. I think you're pretty.	☐	☐	☐
2. He thought he was his friend.	☐	☐	☐
3. I thought I heard something.	☐	☐	☐
4. What are you thinking about?	☐	☐	☐
5. Quiet! I can't think!	☐	☐	☐
6. What do you think about the new colleague?	☐	☐	☐
7. What are your thoughts on the case?	☐	☐	☐
8. I don't think so, but I don't know.	☐	☐	☐
9. He thought the food tasted bad.	☐	☐	☐
10. Do you think God exists?	☐	☐	☐

144 *Handla* or *köpa*? Fill the blanks with the correct verb and the correct tense.
▷ 199

1. Vi måste åka och _____.
2. Får jag se klockan du _____ igår?
3. Vi måste _____ in mer sås till restaurangen.
4. Han åkte in till stan för att _____ kläder.
5. Han ville _____ ännu en synth.
6. Sigrid gick ut för att _____ bröd.
7. Kan jag _____ din gamla bil?
8. Det är svårt att _____ hus nuförtiden.
9. När du ändå är i affären, _____ tandpetare också.
10. Jag går och _____ mat.

145 Differentiate between *sista* and *senaste* by finishing the sentences.
▷ 200

1. Det finns bara en bulle kvar. Det är den _____.
2. Skarsgård är med i en ny film. Det är hans _____.
3. Kaffet är slut. Den här koppen blir min _____.
4. Har du läst hans nya bok? Det är hans _____.
5. Festivalen har pågått i 3 dagar. Det här är den _____.
6. Staden har utstått flera attacker. Dagens är den _____.
7. Mjölet är slut. Den här påsen är den _____.
8. Vi kan inte ses mer. Den här gången blir den _____.
9. Har du läst dagens tidning? Det är den _____.
10. Det finns ett nytt avsnitt av serien. Det är det _____.

Vocabulary

146 *Värre* or *sämre*? Fill in the blanks with the appropriate word.
▷ 205–207

1. Stormen kommer att bli _____ imorgon.
2. Igår var det sol men idag har vi _____ väder.
3. Jag är duktig på fotboll men är _____ än Zlatan.
4. Presidenten är visserligen en diktator men inte _____ än den förre.
5. Soppan smakar _____ än bensin.
6. Restaurangen har _____ betyg än en soptipp.
7. Jag luktar _____ än dig. Jag behöver en dusch.
8. _____ mat får man leta efter!
9. Jag känner mig _____ idag.
10. Nödläget blev _____ på kvällen.

147 Add the correct kinship to the family tree.
▷ 208

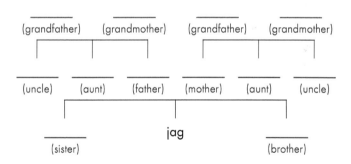

148 Read the definitions and write down the proper type of relationship that fits with the description.
▷ 209

He is my mother's new partner. He is my: _____

We are partners and live together. We are: _____

My father has a new partner. She's my: _____

We love each other but live apart. We are: _____

149 *Minnas* or *komma ihåg*? Fill in the blanks.
▷ 211

1. Du måste _____ att mata katten!
2. Jag _____ en sommarkväll 1976.
3. Lars kunde inte _____ var han lagt sina nycklar.
4. _____ att du är bäst!
5. Hon måste försöka _____ lösenordet!
6. Hur kan du _____ allt det där?
7. _____ att äta!
8. Sonja kunde inte _____ vem hon var.
9. Jag _____ dig. Du är Janssons pojke, eller hur?
10. De _____ hur det var under pandemin.

150 *Antingen ... eller*, *varken ... eller* or *vare sig ... eller*? Fill in the blanks with the correct expression.
▷ 216 ▷ 217

1. _____ tar vi färjan eller så tar vi bron till Danmark.
2. Vi kan _____ gå hem eller så kan vi fortsätta festa.

3. Han kunde _____ hitta sina skor eller sitt paraply.
4. Du måste vara med på mötet _____ du vill eller inte.
5. Patienten kunde inte _____ se eller höra.
6. Vi har inte _____ bröd eller smör hemma.
7. Den gripne måste vara _____ gärningsman eller vittne.
8. Katten är _____ död eller levande.
9. Hon blev _____ glad eller ledsen över beskedet.
10. Ingen, _____ min pojkvän eller mina föräldrar, håller med mig.

151 Read the definitions and write down the appropriate Swedish word.
▷ 221

to open one's mouth   _____

to make it in time   _____

to close one's eyes   _____

to not have to do something   _____

to feel like/have the energy for something   _____

to return cans and bottles for a deposit   _____

FAQ & Common Pitfalls

152 Arrange the words and phrases to create complete Swedish statements.
▷ **223**

1. bio, igår, gick, på, jag

_____

2. ska, nästa vecka, kungen, träffa, vi

_____

3. huvudet, i, ont, hon, har, nu

_____

4. får, du, nu, hem, gå

_____

5. allt, bättre, nästa år, blir

_____

6. filmen, vi, som, igår, såg, gammal, är

_____

FAQ & Common Pitfalls

7. eftersom, kommer, du, imorgon

_____

8. de, på väg, hem, är

_____

9. där, ju, han, är

_____

10. hon, kommit, för, att, mig, har, hämta

_____

11. vi, i, en etta, bodde, för 20 år sedan

_____

12. sverige, till, förra sommaren, åkte, vi

_____

13. äter, varje dag, gör, man

_____

14. även om, är, på lördag, festen

_____

15. han, mig, kysste, näsan, på, då

_____

16. de, gå, inte, får, än

_____

17. var, i stan, shoppade, och, vi, häromdagen

_____

18. dricker, jag, på morgonen, kaffe, alltid

_____

19. henne, jag, när, såg

_____

20. kanske, trasig, är, den

_____

153 Arrange the words and phrases to create complete Swedish questions.
▷ **223**

1. festivalen, nästa vecka, börjar

_____

FAQ & Common Pitfalls

2. vi, ses, ska, imorgon

___

3. kan, komma, du, nästa vecka

___

4. du, var, varit, har

___

5. ta, till, mig, vad, jag, ska

___

6. du, hjälpa, kan, mig, om en stund

___

7. hem, mig, till, inte, komma, i övermorgon, kan, du

___

8. länge, lärt, dig, har, du, svenska, hur

___

9. ha, du, vill, kaffe, mer

___

10. ifrån, kommer, var, du, egentligen

_____

154 *För*, *åt* or *till*? Tick the appropriate box.
▷ 229–231

	för	åt	till
1. Kocken lagar mat ___ gästerna.	☐	☐	☐
2. Hon packar väskan ___ resan.	☐	☐	☐
3. Jag har gjort halsbandet ___ dig.	☐	☐	☐
4. Berätta det ___ mig, är du snäll.	☐	☐	☐
5. Kan du handla ___ mig?	☐	☐	☐
6. Här är en julklapp ___ dig.	☐	☐	☐
7. Artisten sjunger en sång ___ oss.	☐	☐	☐
8. Jag kan göra det ___ dig om du vill.	☐	☐	☐
9. Kan du visa den ___ mig?	☐	☐	☐
10. Brevet är ___ dig.	☐	☐	☐

FAQ & Common Pitfalls

155 *Må*, *vara* or *känna sig*? Pick the correct verb and fill in the blanks.
▷ 235

1. Jag _____ dålig.
2. Jag _____ trött.
3. Jag _____ glad.
4. Jag _____ uselt.
5. Jag _____ dåligt.
6. Jag _____ bra.
7. Jag _____ frisk.
8. Jag _____ fantastiskt.
9. Jag _____ yr.
10. Jag _____ pigg.

156 How do you say *both* in Swedish? Draw a line from the English phrases to the correct translation of *both*.
▷ 236

He felt both sad and relieved.
Our flag is both blue and yellow.
I have both action figures.
She loves both her parents.
Can I have both cupcakes?

| både | båda |

Could both of you come over here?
Give me both, please.
We are having both burgers and pizza.
I speak both Swedish and English.

157 *God* or *bra*? Fill in the blanks with the most appropriate word (with its correct form).
▷ **237**

1. Den här soppan är så himla _____.
2. Det _____ och det onda.
3. Smakar det _____?
4. Jag är _____ på att kyssas.
5. Han är en _____ vän.
6. Det är _____ med chips.
7. Det kan vara _____ att ha.
8. Hösten tillbringas bäst med en _____ bok.
9. Filmen är riktigt _____.
10. Det känns _____ det här.

158 Translate the following sentences into Swedish. Would you translate *to mean* as *mena* or *betyda*?
▷ **239**

1. What do you mean?

   _____

2. It means that we need to go.

   _____

3. I don't mean anything bad.

   _____

4. That dog means everything to her.

_____

5. What does this word mean?

_____

6. It means something to me.

_____

7. He means that he's deaf.

_____

8. Can you tell me what this means?

_____

9. I don't know what I mean by that.

_____

10. It means "love" in Swedish.

_____

159 Are the people mentioned in the sentences personal acquaintances or not?
▷ **240**

	yes	**no**
1. Hon har hört talas om Elton John.	☐	☐
2. De känner till att Sverige har en kung.	☐	☐
3. Han kände Michael Jackson.	☐	☐
4. Känner du honom?	☐	☐
5. Har du hört talas om henne?	☐	☐
6. Vi känner inte varandra.	☐	☐
7. Känner du till dansken från Game of Thrones?	☐	☐
8. Love känner han som byggt vårt hus.	☐	☐
9. Jag har inte hört talas om henne.	☐	☐
10. Trädgårdsmästaren känner ägaren.	☐	☐

160 Which century is this? Translate the phrases into Swedish.
▷ **241**

the 18th century → _____

the 21st century → _____

the 1900s → _____

the 15th century → _____

the 20th century → _____

the 16th century → _____

the 1500s → _____

the first century → _____

the 800s → _____

the 1990s → _____

161 *På, i* or *nothing* + language. Fill in the blanks with the correct preposition.
▷ **242**

1. Det ordet finns inte _____ swahili.
2. Kan vi prata _____ svenska med varandra?
3. Det finns inget ord för det _____ danskan.
4. Biblioteket har en ordbok _____ finska.
5. Vad betyder det _____ engelska?

6. Jag förstår inte _____ samiska.
7. Säg det _____ svenska!
8. Hávamál skrevs _____ isländska.
9. Han talar inte _____ tyska.
10. Det finns inget present progressive _____ svenskan.

Tips, Fun Facts & Good-To-Knows

162 Turn the verb to a noun using either its present participle or by adding *-(n)ing* and translate the new word into English.
▷ 49 ▷ 244

Verb	Nounification	Translation
spela		
gissa		
blåsa		
erbjuda		
andas		
bo		
forska		
använda		
anta		
begrava		

163 Translate this list including some of the most common words ending on *-is*.
▷ **245**

grattis   _____

chaffis   _____

skådis   _____

kompis   _____

dagis   _____

loppis   _____

alkis   _____

mellis   _____

knäppis   _____

kändis   _____

trummis   _____

godis   _____

hemlis   _____

bästis   _____

fegis   _____

Tips, Fun Facts & Good-To-Knows

164 The following words include one long /e/ sound. Which words are supposed to be spelled with the acute accent (é)? Add the accent where appropriate!
▷ 247

ide	karre	le
file	med	arme
ner	se	sten
be	succe	diarre
arbete	bete	beige
bide	tre	kafe

165 Look at the words and fill in their opposites.
▷ 249

mörk	→	_____
rolig	→	_____
hög	→	_____
tidig	→	_____
kort	→	_____
snäll	→	_____
glad	→	_____

smart	→	_____
bra	→	_____
feg	→	_____

166 Add the prefix *o-* to the following words to construct their "opposites". What do the words mean now? Translate them into English.
▷ **248**

	Opposite	Translation
vän	_____	_____
ljud	_____	_____
vana	_____	_____
förstånd	_____	_____
djur	_____	_____
avgjord	_____	_____
kunskap	_____	_____
hygglig	_____	_____
väsen	_____	_____
lycka	_____	_____

167 Rewrite the following sentences to emphasize the action by moving it to the beginning while still maintaining the V2 rule.
▷ 223 ▷ 251

1. Hon dricker kaffe varje dag.

___

2. Peter kör buss på jobbet.

___

3. Hon festar på helgen.

___

4. Jag sover i sängen.

___

5. Författare skriver böcker.

___

6. Han dansar bara hemma.

___

7. Bebisen skriker hela tiden.

___

8. Stadsbor badar mest i badkar.

_____

9. Jag går till tandläkaren en gång om året.

_____

10. Tomas läser bara deckare.

_____

168 Transform the following sentences into the passive mood either by using the -s passive or the helper verb *bli*. Which one is the most appropriate? **Hint:** *Some sentences with* man *turn into sentences with* det.
▷ 258 ▷ 259

1. Man säger att hon försvann.

_____

2. Man måste göra något.

_____

3. Han kramar sin dotter.

_____

4. Man rånar folk där.

_____

5. Man måste köpa biljett till festivalen.

_____

6. Författaren skrev färdigt boken idag.

_____

7. Vakten dog när han försökte ingripa.

_____

8. Man påstår att älvorna dansar på ängen.

_____

9. Man ska skotta om det snöar.

_____

10. Besökarna klappade hunden.

_____

11. Man äter sushi med pinnar.

_____

12. Karlarna reser midsommarstången.

_____

13. Man säger att man befordrar henne imorgon.

___

14. Hon nöp honom i rumpan.

___

15. Man sjunger psalmer i kyrkan.

___

16. Piloter flyger flygplan.

___

17. Man gör arbetet imorgon.

___

18. Man körde på rådjuret.

___

19. Betala varorna i kassan!

___

20. Man tar av skorna innan man går in.

___

169 Fill in the blanks with the correct form of the given word.
▷ 261

1. Ulf tvättar _____ (händer) dagligen.
2. Hon hade ont i _____ (fötter) efter promenaden.
3. Basketspelaren slog i _____ (huvud).
4. Hon tappade nästan _____ (förstånd).
5. Saga höll för _____ (öron).
6. Stoppa inte fingrarna i _____ (näsa).
7. Vetenskapsmannen drog sig i _____ (hår).
8. Hunden slickade sig om _____ (mun).
9. Han bet alltid på _____ (naglar).
10. Barnen höll för _____ (ögon).

170 *Ju*, *nog* or *väl*? Fill in the blanks with the appropriate word to fit the feel of the translation.
▷ 262–264

1. Det där är _____ en apa!
(That's a monkey! What a surprise!)

2. Du skulle _____ gå.
(I thought you were about to leave.)

3. Han har _____ inga pengar.
(You know he doesn't have any money.)

4. Han är _____ och handlar.
(I guess he's shopping for groceries.)

5. Himlen är _____ blå som vanligt.
(The sky is probably blue as always.)

6. Då går jag _____ och kastar soporna.
(I guess I'll go throw out the trash.)

7. Jag sa _____ det!
(I told you so!)

8. Han kan _____ hjälpa dig.
(He can probably help you.)

9. Du borde _____ sova nu.
(You should probably go to sleep now.)

10. Du kan _____ hjälpa mig.
(You can help me, can't you?)

11. Läraren kan _____ inte bara ge dig underkänt!
(The teacher can't just fail you!)

12. Men så kan det _____ inte vara.
(That doesn't sound right!)

13. Hundar och katter gillar _____ inte varandra.
(Dogs and cats don't like each other. Everyone knows that.)

14. Berlin ligger _____ i Tyskland.
(Isn't Berlin in Germany?)

15. Tältet är _____ i källaren.
(The tent is probably in the basement.)

16. Du är _____ med och donerar?
(You're going to join us and donate, aren't you?)

17. Det blir _____ kul!
(You know it's going to be fun!)

18. Klänningen går _____ att lämna tillbaka.
(I guess it's possible to return the dress.)

19. Du kan _____ få pengarna tillbaka.
(You can probably get your money back.)

20. Nu är det _____ för sent.
(I guess it's too late now.)

171 Choose the right question tag: *eller hur*, *va* or *eller*.
▷ 265–267

1. Du är polis, _____? – You're a cop, aren't you?
2. Kan du gå _____? – Could you leave now please!
3. Är du dum _____? – Are you stupid or something?
4. Han såg dig, _____? – He saw you, didn't he?
5. Är han sur _____? – He's angry, isn't he?

172 Translate the following sentences. Is it more natural to use a verb or a noun?
▷ 271

1. He rides his bike to school.

_____

2. She closed her eyes as she kissed her.

_____

3. His name was Fredrik.

___

4. The doctor wanted me to open my mouth.

___

5. He didn't have the energy to study Swedish today.

___

6. The kids came and stole all our apples.

___

7. She has to pee.

___

8. They didn't make it in time to the bus.

___

9. Malin pretended to sleep.

___

10. The boys stayed up for 24 hours.

___

Finland-Swedish

173 How would you translate the following Finland-Swedish expressions into Sweden-Swedish?
▷ 305

Finland	Sweden
hoppeligen	_____
farmare	_____
paff	_____
rosk	_____
krabbis	_____
dynvar	_____
roskis	_____
småkusin	_____
skyddsväg	_____
semla	_____
länk	_____
kaveri	_____

Finland	Sweden
T-skjorta	
örfil	
kiva	
egnahemshus	
villa	
håsa	
paja	
julgubben	
råddig	
tråtta	
kila	
verrare	
söndra	
vessa	
barnträdgård	
acku	
juttu	

Key

1
en: bil – stol – flicka – lärare – man – kvinna – sko – hund – katt – måne
ett: hus – bord – tak – jobb – barn – däck – äpple – tåg – bi – träd

2
en sjö, en natt, en sol, en väg, ett ljus, en dörr, en dag, ett fönster, ett djur, ett ägg, ett bord, en måne, ett huvud, en gaffel, ett hår, ett öga, en häst, ett namn, en säng, ett hav, ett land, ett finger, ett berg, en kniv, en skog, en stol, en sko, en kamera, en mun, en bro

3
taket, skon, katten, fönstret, berget, sjön, läraren, bilen, fingret, tåget, håret, päronet, pennan, affären, apelsinen, flickan, djuret, mannen, vägen, huset, skogen, äpplet, namnet, sängen, katten, jackan, boken, bussen, huvudet, kyrkan

4

169

A Lagom Workbook for Swedish

5
en: fågel – kvinna – skog – gaffel – bokstav – buss – dag – flaska – låda – biljett – tallrik – kniv – mening – affär – hand – natt – flod
ett: museum – tåg – namn – hav – finger – huvud – hotell – flygplan – hus – berg – ord – glas – bord

6
en flicka, flickor – en kyrka, kyrkor – en gurka, gurkor – en stjärna, stjärnor – en våg, vågor – en gata, gator – en saga, sagor – en kaka, kakor – en krona, kronor – en klocka, klockor – en pappa, pappor – en strumpa, strumpor – en mamma, mammor – en kamera, kameror – en apa, apor

7
skog, skogar – älg, älgar – by, byar – gris, grisar – kock, kockar – dag, dagar – karl, karlar – väg, vägar – gaffel, gafflar – sol, solar – pojke, pojkar – kväll, kvällar – tidning, tidningar – sjö, sjöar – fågel, fåglar – kniv, knivar – måne, månar – finger, fingrar – bil, bilar – dörr, dörrar

8
bok, böcker – stad, städer – tid, tider – tand, tänder – färg, färger – sak, saker – vän, vänner – natt, nätter

9
en stad – en röst – ett vin – ett museum – en historia – en nöt – en person – en sak – en bakelse – en gitarr – en bild – en smak – en affär – en fot – en tid – ett land – en turist – ett pris – en bok – ett kafé – en regel – en telefon – en natt – ett te – en not – en flod – ett fängelse – en byggnad – en lukt – en ton

10
bakelse, bakelser – sko, skor – händelse, händelser – fiende, fiender – fängelse, fängelser – telefon, telefoner – gift, gifter – natt, nätter – bok, böcker – stad, städer – tå, tår – ko, kor – bastu, bastur – klo, klor – bonde, bönder – linje, linjer – sak, saker – person, personer – staty, statyer – film, filmer

11
partner – hus – bagare – förare – österrikare – barn – lärare – skomakare – päron

Key

12
ett äpple, äpplen – ett hjärta, hjärtan – ett bi, bin – ett hus, hus – ett bo, bon – ett barn, barn – ett träd, träd – ett päron, päron – ett bord, bord – ett piano, pianon – ett skåp, skåp – ett ben, ben – ett hav, hav – ett knä, knän – ett bär, bär

13
~~fängelsar~~ (**fängelser**) – kor (_____) – viner (_____) – ~~museum~~ (**museer**) – ~~sakar~~ (**saker**) – länder (_____) – ~~bastun~~ (**bastur**) – bönder (_____) – ~~skon~~ (**skor**) – ~~vännor~~ (**vänner**) – kaféer (_____) – ~~historior~~ (**historier**) – tänder (_____) – tår (_____) – böcker (_____) – röster (_____) – ~~pris~~ (**priser**) – tider (_____) – ~~kastrullor~~ (**kastruller**) – ~~natter~~ (**nätter**)

14
en pojke, pojkar – ett träd, träd – en sak, saker – en flicka, flickor – en sko, skor – ett barn, barn – ett hjärta, hjärtan – en vän, vänner – en bok, böcker – en dag, dagar – en stad, städer – en fågel, fåglar – en gata, gator – en kyrka, kyrkor – ett äpple, äpplen – en turist, turister – en tidning, tidningar – ett fängelse

15

1	P	U	S	S	A	R
2	B	Å	T	A	R	
3	F	I	C	K	O	R
4	D	A	G	A	R	
5	H	U	N	D	A	R
6	T	I	M	M	A	R
7	S	V	E	N	S	K	A	R
8	S	K	O	G	A	R
9	S	J	Ö	A	R	
10	K	L	O	C	K	O	R

171

A Lagom Workbook for Swedish

Solution: *tidning* Plural: *tidningar*

16
1. Turister gillar **museer**.
2. Jag köper **skor** i skoaffären.
3. Europa består av flera **länder**.
4. I skogen står det **träd**.
5. Jag har många **saker** i väskan.
6. Pojken lånar **böcker** på biblioteket.
7. Pappan läser **sagor** för barnet.
8. **Barn** måste gå i skolan.
9. Finland har många **bastur**.
10. Byn består av bara tre **hus**.

17
ett hjärta, hjärtan – en tand, tänder – en tå, tår – en pojke, pojkar – ett pris, pris – en klocka, klockor – ett träd, träd – ett vin, viner – en sko, skor – en kväll, kvällar

18
-(n)a: nätter, skor, pojkar, kvinnor, kor, vänner, gator, museer, fängelser, huvuden, städer
-en: borden, träden, barnen, öronen, männen

19
stjärnan, stjärnorna – tidningen, tidningarna – trädet, träden – skon, skorna – fågeln, fåglarna – vännen, vännerna – huset, husen – gatan, gatorna – hästen, hästarna – handen, händerna – skogen, skogarna – staden, städerna – kvällen, kvällarna – biet, bina – priset, priserna – kängurun, kängurur – huvudet, huvudena – sjön, sjöarna – möbeln, möblerna

20
gäss, gässen – män, männen – nätter, nätterna – bönder, bönderna – händer, händerna – söner, sonerna – länder, länderna – städer, städerna

21
en hand, handen, händer, händerna – en klocka, klockan, klockor, klockorna – en

Key

kvinna, kvinnan, kvinnor, kvinnorna – en lärare, läraren, lärare, lärarna – en sko, skon, skor, skorna – en man, mannen, män, männen – en pojke, pojken, pojkar, pojkarna – ett träd, trädet, träd, träden – en gås, gåsen, gäss, gässen – en källare, källaren, källare, källarna – ett land, landet, länder, länderna – en fågel, fågeln, fåglar, fåglarna – ett kök, köket, kök, köken – en vän, vännen, vänner, vännerna – en sol, solen, solar, solarna – en son, sonen, söner, sönerna – en dag, dagen, dagar, dagarna – ett huvud, huvudet, huvuden, huvudena

22
Countable: träd, bok, barn, stjärna, skog
Uncountable: mat, vatten, vin, choklad, kaffe, soppa, kärlek, saft, sand

23
1. Han har – / **en** bil.
2. Katten dricker vatten.
3. Du har **en** fin tröja.
4. Flickan spelar – / **ett** piano.
5. Studenten behöver **en** bok.
6. Mamma och pappa handlar mat.
7. Ge mig **en** penna!
8. Det är trevligt med sol.
9. Hon har **en** dator i väskan.
10. Jag vill ha choklad.
11. Barnen ser på – / **en** film.
12. Polisen rider på **en** häst.
13. Han är – / **en** lärare.
14. Det luktar fisk.
15. Vi går på – / **en** konsert.
16. Stranden är full av sand.
17. På morgonen kokar mannen kaffe.
18. Hon äter – / **en** smörgås till lunch.
19. Det finns gröt i skålen.
20. I korsningen står **en** kanin och vinkar.

24

bilens färg	→	färgen på bilen
bokens titel	→	titeln på boken
lådans innehåll	→	innehållet i lådan
problemets lösning	→	lösningen på problemet
cykelns ägare	→	ägaren till cykeln
datorns sladd	→	sladden till datorn
tvättmaskinens fel	→	felet på/med tvättmaskinen

25

tågstation	**train station**	tåg, station
kyrkogård	**cemetery**	kyrka, gård
nattåg	**night trains**	natt, tåg
fredagkväll	**Friday night**	fredag, kväll
skolgård	**schoolyard**	skola, gård
päronträd	**pear tree**	päron, träd
hästsko	**horseshoe**	häst, sko
leksaksbil	**toy car**	lek, sak, bil
kakform	**cake mold**	kaka, form

Key

vinglas	**wine glass**	vin, glas
dagbok	**diary**	dag, bok
hustak	**roof of a house**	hus, tak
spisplatta	**stove plate**	spis, platta
gatlykta	**street light**	gata, lykta
kökskniv	**kitchen knife**	kök, kniv

26

Compound	Translation
brevlåda	mailbox
fingervante	glove
julgran	Christmas tree
bokhylla	bookshelf
skosnöre	shoelace
bilväg	road (for cars)
datorskärm	computer screen
handduk	towel
dansgolv	dance floor
kaffekopp	coffee cup

27

jag	**hoppar**	hoppade	**hoppat**
du	hoppar	**hoppade**	**hoppat**
han, hon, det	hoppar	**hoppade**	hoppat
vi	**hoppar**	hoppade	hoppat
ni	**hoppar**	**hoppade**	**hoppat**
de	hoppar	**hoppade**	**hoppat**

28
jobba – titta – pussa – prata – krama – hoppa

29

Infinitive	Present	Past	Supine
hälsa	hälsar	**hälsade**	hälsat
jobba	**jobbar**	**jobbade**	jobbat
pussa	pussar	pussade	**pussat**
prata	pratar	**pratade**	**pratat**
laga	**lagar**	lagade	**lagat**
knacka	**knackar**	knackade	knackat
titta	**tittar**	tittade	tittat
krama	kramar	**kramade**	**kramat**
tala	**talar**	talade	**talat**
kissa	kissar	kissade	**Kissat**
leta	**letar**	**letade**	letat
såga	**sågar**	sågade	**sågat**

Key

hoppa	hoppar	**hoppade**	**hoppat**
klappa	klappar	klappade	**klappat**
titta	**tittar**	tittade	**tittat**

30
-er: köpa, läsa, säga, ligga, föda, mäta
-: höra, lära, köra, göra

31

read	**läsa**	→	**läste**
go (by car)	**åka**	→	**åkte**
learn	**lära (sig)**	→	**lärde (sig)**
drive	**köra**	→	**körde**
measure	**mäta**	→	**mätte**
meet	**möta**	→	**mötte**
give birth	**föda**	→	**födde**
lead	**leda**	→	**ledde**

A Lagom Workbook for Swedish

32

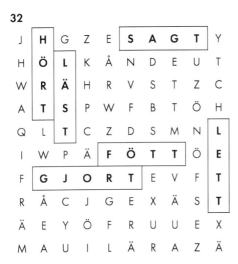

föda – leda – läsa – göra – säga – höra

33

	Present	Past	Supine
1. Jag **läste** (läsa) en bok i går.	☐	✓	☐
2. Affären har **stängt** (stänga) för alltid.	☐	☐	✓
3. Linjaler **mäter** (mäta).	✓	☐	☐
4. Regeringen har **bestämt** (bestämma) det.	☐	☐	✓
5. På konserter **hör** (höra) man musik.	✓	☐	☐

Key

6. Däggdjur **föder** ✓ ☐ ☐
(föda) levande ungar.

7. Vad **gjorde** (göra) ☐ ✓ ☐
du förra helgen?

8. Det har jag alltid ☐ ☐ ✓
sagt (säga).

9. Fåglar **lägger** ✓ ☐ ☐
(lägga) ägg.

10. Hunden **myser** ✓ ☐ ☐
(mysa) ofta på filten.

11. Gubben **lyfter** ✓ ☐ ☐
(lyfta) upp och tittar på
sitt barnbarn.

12. Lyktan **lyser** (lysa) i ✓ ☐ ☐
snön.

13. Jag **fryste** (frysa) ☐ ✓ ☐
kycklingen i frysen
innan.

14. Publiken **ryser** ✓ ☐ ☐
(rysa) när de hör
orkestern.

15. Hon hade **rökt** ☐ ☐ ✓
(röka) sedan tonåren.

34

1. Han **bor** i Sverige.
2. Kvinnan **flyr** från kriget.
3. Skräddaren **syr** en kavaj.
4. Barnet **når** inte kakburken.
5. Patienten **mår** bra.

35
Jag **mådde** inte så bra förra veckan.
Jag **bredde** en smörgås.
Hon **sydde** sin egen klänning.
Vi **nådde** slutet på resan.
Barnet **klädde** inte på sig.

36
bli, blir, blev, blivit – flyga, flyger, flög, flugit – gråta, gråter, grät, gråtit – sova, sover, sov, sovit – dricka, dricker, drack, druckit – springa, springer, sprang, sprungit – äta, äter, åt, ätit – sitta, sitter, satt suttit – vara, är, var, varit

37
1. Jag åt köttbullar
2. Planet flög till Helsingfors.
3. Prinsessan blev drottning.
4. Hästar sprang snabbt/fort.
5. Barnet grät.
6. Tonåringarna drack läsk.
7. Chefen bjöd alla på lunch.
8. Änderna dök i sjön.
9. Han ljög.
10. En älg sköt jägaren.

38

Infinitive	Present	Past	Supine
sova	**sover**	sov	sovit
vara	**är**	**var**	varit
äta	äter	**åt**	**ätit**
sjunga	sjunger	sjöng	**sjungit**
komma	kommer	**kom**	kommit

Key

gå	**går**	gick	**gått**
se	**ser**	**såg**	sett
få	får	fick	**fått**
ge	**ger**	gav	**gett**
stå	står	**stod**	**stått**
tjuta	tjuter	**tjöt**	tjutit
springa	springer	sprang	**sprungit**
nypa	**nyper**	**nöp**	nypt/nupit
supa	**super**	**söp**	supit
klyva	klyver	**klöv**	**klyvt/ kluvit**

39

ligga, ligger, låg, legat – ta, tar, tog, tagit – slå, slår, slog, slagit – dra, drar, drog, dragit

40

1. Oj, jag **visste** (veta) inte att du var polis.
2. **Kan** (kunna) du ge mig tidningen, är du snäll?
3. Barnet **ska** (skola) till skolan.
4. De **ville** (vilja) ha glass men den var slut.
5. Du **vet** (veta) ingenting!
6. **Vill** (vilja) du fika imorgon?
7. Gästerna **kunde** (kunna) inte komma igår.
8. Det **skulle** (skola) regna men blev sol i stället.
9. Hur länge har du **vetat** (veta) det?
10. Jag skulle vifta på öronen om jag hade **kunnat**.

41

1. Det var en gång en prinsessa.
2. Jag jobbade sju dagar förra veckan.

4. Har du provat/smakat fisk (någon gång)?
5. Jag hade aldrig gjort det förut.
6. Han har dykt/dök idag.

42

Alfred Nobel **var** (vara) en svensk kemiker och uppfinnare. Han **är** (vara) bäst känd för att **ha uppfunnit** (uppfinna) dynamiten vilken han **fick** (få) patent på 1867. Han **dog** (dö) i Italien och det är hans testamente som (**har**) **gett** (ge) upphov till det berömda nobelpriset. Utan honom **skulle** (skola) det inte **ha blivit** (bli) något pris.

43

	Present	Future
1. Jag äter en skinksmörgås.	✓	☐
2. Polisen kommer!	✓	☐
3. Det regnar idag.	✓	☐
4. Jag går om du är dum.	☐	✓
5. Det regnar nog imorgon.	☐	✓
6. Vad håller du på med?	✓	☐
7. Vad gör vi då?	☐	✓
8. Du får inget godis om du inte städar.	☐	✓
9. Imorgon åker vi till farmor.	☐	✓
10. Nästa år blir det säkert bättre.	☐	✓

44

1. Du **kommer (att)** klara det
2. Jag har bestämt att jag **ska** bli pizzabagare.
3. Imorgon **kommer** nog jorden **(att)** gå under.
4. Du **kommer (att)** frysa om du inte klär på dig.

5. Vi **kommer** förmodligen **(att)** flytta.
6. Vi **ska** flytta till Kanada nästa vecka.
7. **Ska/kommer** du **(att)** ringa till verkstaden?
8. Jag **ska**!
9. Maten **kommer (att)** bli dålig om du inte stänger kylskåpet.
10. Jag **kommer (att)** skrika om du inte tar bort spindeln.

45

	Reflexive
1. Jag klär på mig.	✓
2. Hon lär sig svenska.	✓
3. Akta dig.	✓
4. Vill du gifta dig med mig?	✓
5. Boken handlar om vetenskap.	☐
6. Jag längtar efter semester.	☐
7. Barnet gick och lade sig.	✓
8. Mannen är trött och måste sätta sig/sitta ned.	✓ / ☐
9. Vi har inte råd med det.	☐
10. Tomten rakar sig vart 250 år.	✓

46

2. Vinet hälls upp av henne.
3. Bussen körs av Sara.
4. Jobbet utförs av en firma.
5. Fönstren tvättas av mig.
6. Hår klipps av frisören.
7. Böcker skrivs av författare.
8. Äpplena plockas av barnen.
9. Maten lagas av en kock.

10. En tavla målas av konstnären.

47

andas, hoppas, trivas, lyckas, låtsas, finnas, fattas

48

	Present	Past	Supine
grab/understand (fatta)	fattar	fattade	fattat
exist (finnas)	finns	fanns	funnits
hope (hoppas)	hoppas	hoppades	hoppats
breathe (anda)	andas	andades	andats
be missing (fattas)	fattas	fattades	fattats
flee (rymma)	rymmer	rymde	rymt
find (finna)	finner	fann	funnit
succeed (lyckas)	lyckas	lyckades	lyckats
jump (hoppa)	hoppar	hoppade	hoppat
contain (rymmas)	ryms	rymdes	rymts

49

1. Vännerna kramas.

Key

2. Vi möttes på gatan.
3. Flickan och pojken pussades.
4. Barnen retas.
5. Syskonen nyps.
6. Kollegorna ses på jobbet.
7. Boxarna slåss.
8. Vi hjälps åt.

50

	Particle verb?		Particle verb?
titta <u>på</u> **to watch**	✓	<u>titta</u> på **to look at**	☐
säga <u>till</u> **to order**	✓	<u>säga</u> till **to tell**	☐
känna <u>igen</u> **to recognize**	✓	<u>känna</u> igen **to feel again**	☐
slå <u>på</u> **to turn on**	✓	<u>slå</u> på **to hit**	☐
gå <u>under</u> **to go under**	✓	<u>gå</u> under **to walk under**	☐
ta <u>på</u> **to put on**	✓	<u>ta</u> på **to touch**	☐
bli <u>av</u> **to happen**	✓	<u>bli</u> av **to become of**	☐
skriva <u>på</u> **to sign**	✓	<u>skriva</u> på **to write on**	☐

A Lagom Workbook for Swedish

ta <u>i</u> ✓ ta i ☐
to exaggerate **to touch**

51

to interrupt	avbryta
to go on	pågå
to greet	hälsa på
to break	bryta av
to depart	avgå
to think of	komma på
to walk into	gå på
to strike	slå till
to turn on	sätta på
to realize	inse

52
1. Musikern **kan** (can) spela fiol.

2. Mamma **måste** (has to) gå till jobbet nu!
3. **Vill** (want) du komma hem till mig?
4. Du **borde** (should) klä på dig.
5. Vi **behöver** (need to) köpa lakrits.
6. Jag **ska** (will) inte åka någonstans.
7. Polisen **kan** (can) aldrig hitta mig.
8. Affären **ska** (will) stänga.
9. Du **borde** (should) duscha.
10. Sa jag inte att du **måste** (have to) klä på dig?

53
1. Konstnären glömde (att) äta.
2. Nu börjar det (att) regna.
3. Vi hinner inte (att) åka till affären.
4. Jag kan hälpa dig (att) flytta.
5. Clownen försöker (att) jonglera.
6. Du behöver inte (att) göra det.
7. Hon glömde (att) mata näbbdjuret.
8. Människorna försöker (att) fly.
9. Tonåringar orkar inte göra läxorna.
10. Börja inte (att) bråka nu.

54

Hon lyckas.	**Må/måtte hon lyckas.**
De överlever.	**Må/måtte de överleva.**
Han lever.	**Må/måtte han leva.**
Det är sant.	**Må/måtte det vara sant.**
Vi gör det.	**Må/måtte vi göra det.**

55

Jag är en fisk. → **Om jag vore en fisk.**
Vore jag en fisk.

Jag har pengar.	→	**Om jag hade pengar.** **Hade jag pengar.**
Jag vet det.	→	**Om jag visste det.** **Visste jag det.**
Jag blir sjuk.	→	**Om jag blev sjuk.** **Blev jag sjuk.**
Jag får löneförhöjning.	→	**Om jag fick löneförhöjning.** **Fick jag löneförhöjning.**

56

Ingvar Kamprad **föddes** (födas) den 30 mars 1926. Som 6-åring **började** (börja) han **sälja** (sälja) tändstickor. Man kan **säga** (säga) att han **var** (vara) en riktig entrepenör.

Han **gifte sig** (gifta sig) två gånger under sitt liv.

1943 **grundades** (grunda) firman som än idag **heter** (heta) Ikea.

Ingvar **dog** (dö) 2018 men om han **(hade) levt/(hade) levat/** (leva), **skulle** (skola) han **(ha) varit** (vara) Sveriges rikaste man.

57

ett	**stort** (big)	land
ett	**litet** (small)	barn
en	**lång** (tall)	man
ett	**rött** (red)	hus
en	**gammal** (old)	smörgås
en	**glad** (happy)	kvinna

Key

en	**mörk** (dark)	natt
ett	**trevligt/fint** (nice)	hotell
en	**snabb** (fast)	cykel
ett	**trött** (tired)	lejon

58

	Definite	Plural
1. fina fiskar	☐	✓
2. äckliga monster	☐	✓
3. det stora paketet	✓	☐
4. coola tjejer	☐	✓
5. den elaka styvmodern	✓	☐
6. den goda maten	✓	☐
7. den lilla myggan	✓	☐
8. små hästar	☐	✓
9. det långa håret	✓	☐
10. de roliga festerna	✓	✓

59
1. Mannen hoppade **högt** upp i luften.
2. Sov så **gott**.
3. Vakten tittade **argt** på oss.
4. Snigeln rörde sig **långsamt** framåt.
5. Gentlemän klär sig **snyggt**.
6. Clownen går **skojigt**.
7. Kulstötare brukar kasta **långt**.
8. Min kompis målar **fult**.
9. Hon visslade **glatt** för sig själv.

10. Sportbilen åkte **snabbt** förbi.

60

First degree	Second degree	Third degree
glad	**gladare**	gladast
kort	**kortare**	**kortast**
bra	bättre	**bäst**
lång	längre	**längst**
dålig	**sämre/värre**	**sämst/värst**
gul	**gulare**	**gulast**
trött	**tröttare**	**tröttast**
ledsen	**ledsnare**	ledsnast
gammal	äldre	**äldst**
liten	**mindre**	**minst**
ljus	**ljusare**	**ljusast**
tokig	**tokigare**	tokigast
ful	fulare	**fulast**
tråkig	**tråkigare**	**tråkigast**
god	**godare**	godast
mörk	mörkare	**mörkast**
fin	**finare**	finast
snygg	**snyggare**	**snyggast**
orolig	**oroligare**	**oroligast**
stor	**större**	störst

Key

61

mer/mest: skadad, fruktansvärd, fantastisk, lila, magisk
-(a)re/-(a)st: stor, trevlig, röd, liten, hög

62

1. Kvällen var **roligare** (rolig) igår.
2. Jag är **sötare** (söt) än du.
3. Sverige är **större** (stor) än Norge.
4. Hans hår är **mer lila** (lila) än din jacka.
5. Kan det bli **bättre** (bra)?
6. Jag tänker inte vara **sämre** (dålig)!
7. Hon är **längre** (lång) än sin mamma.
8. Den här idén är **mer lovande** (lovande) än din förra.
9. Går det att vara **lyckligare** (lycklig)?
10. Du blir **mer fantastisk** (fantastisk) för varje dag som går.

63

1. Turning Torso är Sveriges **högsta** (hög) byggnad.
2. Du är den **bästa** (bra) jag vet.
3. Natten är den **mest magiska** (magisk) tiden på dygnet.
4. Solen är vår **närmaste** (nära) stjärna.
5. Det här är hennes **senaste** (sen) platta.
6. Partiet är det **minst** (liten) dåliga.
7. Han är den **ondaste** (ond) kungen som någonsin levt.
8. Min lärare är den **elakaste** (elak) på hela skolan.
9. Varför köpte du den **dyraste** (dyr) mjölken?
10. Du är **sötast** (söt).

64

	Present	Past
baka	**bakande**	**bakad**
äta	**ätande**	**äten**

läsa	**läsande**	**läst**
berätta	**berättande**	**berättad**
sy	**syende**	**sydd**
mata	**matande**	**matad**
skaka	**skakande**	**skakad**
sjunga	**sjungande**	**sjungen**
skriva	**skrivande**	**skriven**
sortera	**sorterande**	**sorterad**

65
1. Den bakande bagaren
2. Den sjungande polisen
3. De kraxande skatorna
4. Den stickade halsduken/Halsduken är stickad.
5. Den använda toalettborsten/Toalettborsten är använd.
6. Det städade rummet/Rummet är städat.
7. De visslande flickorna
8. Den snurrande jorden
9. Den stängda affären/Affären är stängd.
10. De avbrutna förhandlingarna./Förhandlingarna är avbrutna.

66
Direction: hem, bort, upp, ner, hit, dit, fram, in, ut
Location: hemma, borta, uppe, nere, här, där, framme, inne, ute

67
1. Jag går hem nu.
2. Solen går upp.
3. Kom hit!
4. Min katt är borta.
5. Är du hemma nu?
6. Vädret är fint ute.
7. Jag vill åka dit någon gång.

8. Titta, där är den/det!
9. Ta bort spindeln!
10. Jag känner mig nere.

68

N	X	A	O	C	K	S	Å	D	W
Å	P	L	F	T	S	I	L	H	B
G	K	D	Z	Y	A	M	Ö	R	A
O	O	R	N	Q	S	S	A	E	R
N	M	I	L	G	A	N	S	K	A
S	D	G	D	B	E	A	L	H	Z
T	Y	T	S	T	Å	R	A	L	T
A	S	D	N	U	B	T	J	V	L
N	X	I	A	C	V	P	Ö	T	V
S	Ä	C	P	Ö	R	E	D	A	N

69

redan, var, någonstans, nästan, överallt, ganska, inte, heller, tyvärr, upp, annorlunda, alldeles, någonstans

70

1. Katten vill leka igen.
2. Hon äter sand ibland.
3. Det finns träd överallt.
4. Gå ingenstans!
5. Jag är bara 20 år gammal.
6. Jag pratar ofta svenska.
7. Köttbullarna är nästan klara.
8. Jag glömmer alltid att klä på mig.
9. Åtminstone har vi varandra./Vi har åtminstone varandra.
10. Du är både smart och vacker.

71
Vart åker tåget?
Varifrån kommer maten?
Varför tycker du det?
När börjar filmen?
Var är affären?
Hur mår du?

72
1. Boken ligger uppe **på** bordet.
2. Tåget åkte **genom** tunneln.
3. Pojkarna gick tillsammans **med** sina föräldrar.
4. Jag kan inte leva **utan** smör.
5. Kan vi inte sova **under** bar himmel?
6. Hon såg när han dansade **för** henne.
7. Alla böckerna står **bredvid** varandra i hyllan.
8. **Bakom** varje framgångsrik man står en kvinna.
9. Allt **mellan** himmel och jord.
10. Tjuven sprang **åt** det hållet!
11. Alla barnen dansade **runt** midsommarstången.
12. Imorgon åker vi **till** morfar.
13. Titta **bakom** dig, en trehövdad apa!
14. Vad finns det **i** paketet?
15. Jag kommer **om** fem minuter.
16. Det är min tur. Jag var ju här **före** dig.
17. Idag dricker vi vatten **istället för** juice.
18. Ät något **innan** du svimmar.
19. **Tills** döden skiljer oss åt.
20. Tvätta händerna **efter** att du har kissat.

73
1. Vi måste gå hem **om** tio minuter.
2. De var ett par **i** tre år innan de gifte sig.
3. Jag har lärt mig svenska **i** sex månader.
4. Vad gjorde du **i** helgen?
5. De slutförde bygget **på** en vecka.
6. Han lärde sig att vissla **på** två minuter.

Key

7. Jag ringer **om** fem minuter.
8. Filmen höll på **i** hela fyra timmar.
9. Jag äter knäckebröd två gånger **om** dagen.
10. Vi har möte **på** måndag morgon.
11. Hur gick provet **i** fredags?.
12. Magnus tränade **i** en timme idag.
13. Programmet börjar **om** en kvart.
14. Bensinmacken har funnits här **i** 50 år.
15. **I** år har jag varit på sex konserter.
16. Vi måste gå **om** en liten stund.
17. Vännerna hade inte setts **på** över tio år.
18. Vart åkte du **i** somras?.
19. Hon kan lösa en Rubiks kub **på** en sekund.
20. Idag har jag pluggat svenska **i** en halvtimme.

74

	på	i
1. We are eating at a restaurant.	✓	☐
2. They live on the same street.	✓	☐
3. The car is standing in the way.	☐	✓
4. I forgot my keys on the train.	✓	☐
5. You will find that at the store.	☐	✓
6. My boss lives in his office.	✓	☐
7. He spent his life at sea.	✓	☐
8. Anna was born in Gothenburg.	☐	✓
9. They've got a cottage in the countryside.	✓	☐
10. The nurse has a headache.	☐	✓

75

1. Vi har ett hus **på** landet som vi bor **i**.
2. Paret gick **på** bio efter middagen.

3. Min dejt har massa pengar **på** banken.
4. Han studerar **på** Stockholms universitet.
5. Linus glömde sin väska **i** skolan.
6. Barnet måste gå **på** toaletten.
7. Kocken står **i** köket.
8. Sofia älskar att vara **på** jobbet.
9. Jag satte mig längst bak **i** bussen.
10. Vi har gått vilse **i** skogen.
11. **På** bussen kunde de slappna av.
12. Han hade aldrig varit **i** Danmark.
13. Han skulle hellre vara **på** Island.
14. Barnen lekte **på** lekplatsen.
15. Affären befinner sig **på** Drottninggatan.
16. Han bjöd alla **på** öl **i** parken.
17. Skorna står **i** hallen.
18. Har du någonsin varit **på** Ikea?
19. Hunden ligger **på** sängen.
20. Sara älskar att ligga kvar **i** sängen.

76

I	**jag**	me	**mig**
you	**du**	you	**dig**
he	**han**	him	**honom**
she	**hon**	her	**henne**
it	**det**	it	**det**
we	**vi**	us	**oss**
you (plural)	**ni**	you (plural)	**er**
they	**de**	them	**dem**

77

1. Vill **du** att jag masserar dig?.
2. Jag träffade Martin idag. **Han** har klippt sig.
3. Där är du ju! Jag har letat överallt efter **dig**.

Key

4. Ska **vi** gå på bio ikväll, du och jag?
5. **Vi** har huset för oss själva.
6. Kan **ni** sänka musiken är **ni** snälla.
7. Pengarna är slut. Jag spenderade **dem** på smink.
8. Vad kan **jag** göra för dig, min vän?
9. Bussen kommer! Spring så vi inte missar **den**!
10. Jag behöver hjälp. Kan du hjälpa **mig**?
11. Säljer **ni** lingonsylt här?
12. Ni får två veckor på **er**.
13. **Hon** var faktiskt prinsessa av Arendal.
14. **Det** regnar.
15. Vill **ni** två följa med och handla?
16. Jag bjöd ut **honom** men han tackade nej.
17. Var är mina skor? Jag kan inte hitta **dem**.
18. Mia är försvunnen. Har du sett **henne**?
19. **Du** är inte klok Madicken.
20. Jag råkade skrämma katten. **Den** är sur nu.

78

1. Jag kan inte hitta mina nycklar.
2. Är det här ditt hus?
3. Jag har hittat din katt.
4. Det är en karta till hans skatt.
5. Glöm inte dina kläder.
6. Underskatta inte dess potential.
7. Varför har du hennes telefon?
8. Har du sett vår nya bil?
9. Deras son är så elak.
10. Mamma, pappa, har ni fått ert paket än?

79

1. De ska gifta **sig** innan gryningen.
2. Du måste tvätta **dig** innan maten.
3. Jag slog **mig** när jag gick in i väggen.
4. Hon kom av **sig** när hon såg honom.
5. Vänd **er** om så får ni se.
6. Kan du ta **dig** en titt på problemet?

7. Hon skrek till när hon såg **sig** själv i spegeln.
8. Han kände **sig** sjuk.
9. Har du hört att de har förlovat **sig**?
10. Ni måste bestämma **er** nu.
11. Jag kan inte koncentrera **mig**.
12. Tjejer, ta på **er** något fint. Vi ska ut ikväll!
13. Han tror tomten rakar **sig** på sommaren.
14. Hon har lärt **sig** svenska helt själv.
15. Lejonet slickade **sig** om munnen.
16. Älskling, ta av **dig** kläderna.
17. Vi måste skynda **oss**!
18. Aj! Jag satte **mig** på ett piggsvin.
19. Hör du, lägg av. Ge **dig** nu!
20. Du, vi anmäler **oss** till en kurs!

80
1. Adam och **hans** fru är ute med **sina** hundar.
2. Hon kan inte följa med. **Hennes** pass har gått ut.
3. Han fick 500 kr av chefen för att tvätta **hans** bil.
4. Hon gjorde slut med **sin** kille.
5. Emma missade **sitt** tåg med en hårsmån.
6. De fick inte sova inatt. **Deras** barn höll dem vakna.
7. Regeringen drog tillbaka **sitt** uttalande.
8. Resenären visade **sin** biljett.
9. Tomas är på verkstaden. **Hans** bil är trasig.
10. Pensionärerna är här med **sina** husbilar.
11. Nils åker till Åre med **sin** familj varje vinter.
12. Han och **hans** familj är alla från Grekland.
13. Tove kan inte ringa för man har tagit **hennes** mobil.
14. De letar bil eftersom **deras** bil gått sönder.
15. Alla har **sina** laster.
16. Det här är Charlotte och **hennes** mamma. **Hennes** mamma är sjukgymnast.
17. Roger meckar medan **hans** bror säljer Japp.
18. Paret trivs i **sitt** nya hem.
19. Jag avskyr våra grannar och **deras** barn.
20. Hon kysste **hans** pojkvän istället för sin egen.

Key

81
denna: kvinna, dator, kamera, bil, skola, apa
detta: brev, liv,
den här: cykeln, boken, byn, lastbilen, staden
det här: slottet, kaffet, vin, huset

82
Vilken tröja vill du ha?
Vad heter du?
Vilka är de?
Vem ringde?
Vilket hus bor hon i?

83
1. Jag har äntligen min egen lägenhet.
2. Kan någon hjälpa mig?
3. Hon lagade sitt tak själv.
4. De lärde sig själva svenska.
5. Ester har en likadan tröja hemma.
6. Ingen kom på mötet.
7. Brevet försvann nästa dag.
8. Vi har samma mamma.
9. Jonas ville göra någonting/något annat.
10. Studenterna gick till (den) sista baren.

84
1. Frida **och** Ove är ett par.
2. Vi måste gå till affären **och** till banken.
3. Han fick en ny klocka **och** en puss på kinden.
4. Kommer du på lördag **eller** söndag.
5. Peter är sjuk **men** jobbar ändå.
6. Bilen är inte fin **men** fungerar bra.
7. De är bortresta **så** de kan inte komma.
8. Vi säljer mat **och** dryck **samt** souvenirer.
9. Hunden vill inte gå ut **för** det regnar.
10. Ska vi gå hem till dig **eller** till mig?

85
1. Mannen som visste för mycket.
2. Det ser ut som choklad.
3. Cornelis arbetar/jobbar som trubadur.
4. Jag gifte mig med polisen som grep mig.
5. Kaféet som jag berättade om.
6. Vi bodde där som barn.
7. Du är den som jag vill ha.
8. Prinsessan var som en syster för mig.
9. Det här är som en dröm.
10. Det (där) är huset som farfar/morfar byggde.

86
1. Idag blir det godis **eftersom/därför att/därför/för att/för** det är lördag.
2. Lisa kommer inte **eftersom/därför att/därför/för att/för** hon är sjuk.
3. **Eftersom/Därför att/Därför/För att** det bara är så!
4. **Eftersom** du varit så duktig ska du få en belöning.
5. Bilen fungerar inte **eftersom/därför att/därför/för att/för** vi har krockat.
6. Jag vill se den här filmen **eftersom/därför att/därför/för att/för** den är bäst!
7. **Eftersom** det snöar kan vi åka kälke.
8. Amanda älskar bullar **eftersom/därför att/därför/för att/för** de luktar så gott.
9. Vi måste handla **eftersom/därför att/därför/för att/för** mjölet är slut.
10. Han gick hem **eftersom/därför att/därför/för att/för** det började bli sent.

87
1. Hon älskade sin syster **även om/fast** var dum.
2. Kan du flytta på dig **så att** jag kommer förbi?
3. Vänta här **medan** jag går in i affären.
4. Den där hunden är mycket lugnare **än** den där.
5. USA är större **än** Sverige.
6. Vänta **tills/till dess att** vi kommer fram.
7. Vi kom in **genom att** muta dörrvakten.

Key

8. Fredriks näsa är sned **eftersom/därför att/därför/för att** han fick stryk igår.
9. Han missade samtalet **eftersom/därför att/därför/för att** telefonen var trasig.
10. **Även om/Fast** maten är god är det alldeles för dyrt.
11. Var tyst **så att** vi kan höra!
12. Grannen använder min soptunna **även om/fast** jag sagt till.
13. **Fast** det stämmer ju inte.
14. Gunvor gillar inte tomater **eftersom/därför att/därför/för att** de är så röda.
15. Moa sjunger **medan** hon lagar mat.
16. Det är en halvtimme kvar **tills/till dess att** gästerna kommer.
17. Man gör maräng **genom att** vispa äggvita och socker.
18. **Eftersom** jag är tröttare **än** du får jag sova.
19. **Även om/Fast** jag är tröttare **än** du får du sova.
20. De dansade **tills/till dess att** natten blev dag.

88

52	**femtiotvå**
678	**sexhundrasjuttioåtta**
1 800 678	**en miljon åttahundratusen sexhundrasjuttioåtta**
5635	**femtusensexhundratrettiofem**
28	**tjugoåtta**
145	**(ett)hundrafyrtiofem**
300	**trehundra**
12	**tolv**
4367	**fyratusentrehundrasextiosju**
10 849	**tiotusenåttahundrafyrtionio**

A Lagom Workbook for Swedish

89

en	**första**	sjutton	**sjuttonde**
två	**andra**	arton	**artonde**
tre	**tredje**	nitton	**nittonde**
fyra	**fjärde**	tjugo	**tjugonde**
fem	**femte**	trettio	**trettionde**
sex	**sjätte**	fyrtio	**fyrtionde**
sju	**sjunde**	femtio	**femtionde,**
åtta	**åttonde**	sextio	**sextionde**
nio	**nionde**	sjuttio	**sjuttionde**
tio	**tionde**	åttio	**åttonde**
elva	**elfte**	nittio	**nittionde**
tolv	**tolfte**	hundra	**hundrade**
tretton	**trettonde**	tusen	**tusende**
fjorton	**fjortonde**	miljon	**miljonte**
femton	**femtonde**	miljard	---------------
sexton	**sextonde**	biljon	**biljonte**

90
hard: a, o, u, å
soft: e, i, y, ä, ö

91

to say	→	**säga**	hug	→	kram
man	→	man	kitchen	→	**kök**
cheese	→	ost	rake	→	**räfsa**

Key

onion	→	**lök**	to measure	→	**mäta**
fairy tale	→	saga	master	→	**mästare**
to feed	→	mata	shell	→	**snäcka**
to rob	→	**råna**	train engine	→	lok
to carry	→	**bära**	next	→	**nästa**
to sleep	→	sova	toes	→	**tår**
to loosen	→	lossa	said	→	sa

92

		long	short
to hunt	**jaga**	✓	☐
cook	**kock**	☐	✓
hug	**kram**	✓	☐
verdict	**dom**	☐	✓
pine tree	**tall**	☐	✓
cheese	**ost**	☐	✓
speech	**tal**	✓	☐
to boil	**koka**	✓	☐
and	**och**	☐	✓
to assume	**anta**	☐	✓
to play	**leka/spela**	✓	☐
girl	**flicka**	☐	✓
candle	**ljus**	✓	☐

A Lagom Workbook for Swedish

to be enough	**räcka**	☐	✓
arm	**arm**	☐	✓
cup	**kopp**	☐	✓
teacher	**lärare**	✓	☐
cat	**katt**	☐	✓
onion	**lök**	✓	☐
shrimp	**räka**	✓	☐

93

/o/: lom, Rom, skog, zoo, ropa, tro, mod
/å/: sova, skott, son, moln, rom, soppa, grotta, kock, noll

94

kärlek	**tj**uv	**tj**ata	**ch**ili
kjol	**k**änga	**k**älla	**tj**änare
kisa	**tj**ura	**ch**illa	**k**iosk
kilo	**Kj**ell	**k**ela	**tj**uta
Kina	**k**äft	**tj**ock	**k**ött
käpp	**k**änna	**k**ind	**k**ikare
kista	**tj**ej	**tj**ur	**k**irurg
tjänst	**tj**afsa	**tj**ugo	**k**är

95

		hard	soft
keps	**cap (hat)**	✓	☐
kille	**guy**	✓	☐

Key

kör	**choir**	✓	☐
kyrka	**church**	☐	✓
kex	**cracker**	✓	☐
kilo	**kilo**	☐	✓
kejsare	**emperor**	☐	✓
kök	**kitchen**	☐	✓
kisse	**kitty**	✓	☐
kebab	**kebab**	✓	☐
kit	**kit**	✓	☐
ketchup	**ketchup**	✓	☐
kemi	**chemistry**	☐	✓
killa	**to tickle**	✓	☐

96

sjuk	**skj**uta	pen**s**ion	**sch**ack
giraff	sta**tion**	**sh**oppa	**j**ournalist
skyldig	**sk**ynda	**sk**ikt	**sj**älv
geni	**sk**ylt	**sk**ägg	**ch**arm
skjutsa	**sk**inka	**sk**it	**ch**oklad
skjorta	**ch**ans	**stj**äla	**sh**ampoo
skimra	rela**tion**	**sch**ysst	**sh**ow
sköta	**stj**ärna	pa**ss**ion	**sj**äl

97

/g/: laga, groda, gunga, getto, gammal, gap, saga, deg
/j/: gilla, helg, gök, gädda, säga, genast, dig, gylf, älg, genväg, mig, gömma, gympa

98

		hard	soft
skola	**school**	✓	☐
skepp	**ship**	☐	✓
skal	**shell**	✓	☐
skära	**cut**	☐	✓
skina	**shine**	☐	✓
skum	**foam/dim/shady**	✓	☐
skada	**injury**	✓	☐
skida	**ski**	☐	✓
skämmas	**to be ashamed**	☐	✓
skit	**shit**	☐	✓
skata	**magpie**	✓	☐
skynda	**to hurry**	☐	✓
skura	**scrub**	✓	☐
skylt	**sign**	☐	✓

Key

99
hard: sko, kartong, kontor, gorma, gammal, skumpa, gul, skarp, kula
soft: gäst, skämt, gissa, skimra, kyrka, skölta, kela, gynna, Kina, källa, köpa, genom, skylt, gömma

100

skata	**ska:ta**	kalas	**kala:s**
kärlek	**tjä:rle:k**	kille	**kil:ä**
skylt	**sjyl:t**	kila	**tji:la**
gym	**jym:**	gom	**gom:**
sjuk	**sj:uk**	stjärna	**sjä:rna**
snygg	**snyg:**	ljus	**ju:s**
skev	**sje:v**	göra	**jö:ra**
kex	**käk:s**	sova	**så:va**
giraff	**sjiraf:**	skrot	**skro:t**
djur	**ju:r**	sken	**sje:n**

101

hjul	**wheel**	**l**juv	**sweet**
djur	**animal**	**h**jälm	**helmet**
ljus	**light**	**l**jud	**sound**
gjorde	**made/did**	**d**jungel	**jungle**
hjälp	**help**	**h**jort	**deer**
ljuga	**lie**	**d**jävul	**devil**
djup	**deep**	**h**järna	**brain**

102

	I	II
anden (the spirit)	✓	☐
buren (the cage)	✓	☐
gifter (poisons)	☐	✓
huggen (stabbed)	☐	✓
gifter (is marrying)	☐	✓
biten (bit)	☐	✓
borsten (the brush)	☐	✓
vaken (awake)	☐	✓
anden (the duck)	✓	☐
biten (the piece)	✓	☐

103

1. Vad sa han?
2. Hur mår du?
3. Vi har en blå bil.
4. Vill du ha något att dricka?
5. Den kostar hundra kronor.
6. Trevligt att träffas.
7. Vad gör du?
8. Vad heter du, då?
9. Vad fick du i födelsedagspresent?
10. Ska vi göra något i helgen?
11. Klockan fyra börjar mötet.
12. Vilken fin klänning du har på dig.
13. Jag är tjugofyra år gammal.
14. Jag var i parken med mina kompisar en kväll
15. Någon gång kanske.
16. Jag ringer dig imorgon.
17. Jag samlar på gula brandbilar.

Key

18. Lugna dig lite så går det bättre.
19. Jag äter gärna smörgåsar i trädgården.
20. Hon hittade en kantarell i väskan.

104
1. Boken är/ligger på bordet.
2. Du hittar boken på biblioteket.
3. Tavlan hänger på väggen.
4. Jag bor på Irland.
5. Polisen knackade på hans dörr.
6. Hon tittar på stjärnorna på himlen.
7. Kan du säga det på engelska?
8. Tonåringar är arga på alla.
9. Jag tycker att vi ska gå på bio.
10. Sätt på tv:n!

105
1. Jag duschar alltid **på**/i kvällen istället för **på**/i morgonen.
2. Kompisarna träffades på/**i** Stockholm.
3. Mona Lisa hänger på/**i** Louvren.
4. **På**/I julen får man ta det lugnt.
5. Du borde lita mer **på**/i mig.
6. Sofi går fortfarande på/**i** skolan.
7. Vulkanerna **på**/i Island är häftiga.
8. Pär studerar **på**/i universitet fast han är pensionär.
9. Vad ska vi göra på/**i** kväll.
10. Barnen hoppar på/**i** sängen.
11. Det finns inget mjöl på/**i** affären.
12. Men det finns bensin **på**/i bensinmacken.
13. Vi måste bli klara **på**/i fem minuter.
14. Vart ska du åka på semester på/**i** sommar.
15. De sågs på/**i** fredags.
16. Jag har lärt mig svenska på/**i** två år.
17. Mötet är **på**/i måndag.
18. Vi ses **på**/i Hasses Pizzeria.
19. **På**/I sommaren är det ofta varmt.
20. Hon satt **på**/i tåget på väg mot sitt livs äventyr.

209

106

1. Vi åkte till Åre i vintras.
2. Jag älskar blommorna på våren.
3. Ska vi träffas på lördag?
4. Maria hade en sådan konstig dröm i natt.
5. Jag åt frukost i morse.
6. De kysstes i helgen.
7. Jag vill åka till Italien i sommar.
8. Det brukar vara mörkt på natten.
9. Hon fyller år i helgen.
10. Jag gjorde det i tisdags.

107

	på	i	om
1. Han har inte varit hemma __ en vecka.	✓	☐	☐
2. Polisen kommer __ fem minuter.	☐	☐	✓
3. Det har inte snöat __ tre år.	✓	☐	☐
4. Vi får ingen post förrän __ en vecka.	☐	☐	✓
5. Hon läste __ en kvart innan hon gick och la de sig.	☐	✓	☐
6. Vi ses __ en månad!	☐	☐	✓
7. Bandet spelade __ någon minut innan de avbröt konserten.	☐	✓	☐
8. Det är bara jul en gång __ året.	☐	☐	✓
9. Jag har pluggat svenska __ sex månader.	☐	✓	☐
10. Barnen har inte ätit __ fyra dagar.	✓	☐	☐
11. Filmen börjar __ en kvart.	☐	☐	✓

Key

12. De hade inte setts __ år och dar. ✓ ☐ ☐
13. Det är vanligt att äta tre mål __ dagen. ☐ ☐ ✓
14. Karina tjänar 40 000 kr __ månaden. ☐ ✓ ☐
15. Men det blir mer __ tre månader. ☐ ☐ ✓
16. Frans väntade __ tjugo minuter. ☐ ✓ ☐
17. Jag har inte gått i skolan __ tjugo år. ✓ ☐ ☐
18. Jag måste gå __ en stund. ☐ ☐ ✓
19. Hon läste ut boken __ en halvtimme. ✓ ☐ ☐
20. Vi brukar träffas en gång __ veckan. ☐ ✓ ☐

108

1. Bry dig inte om honom.
2. Vi måste göra om allting.
3. Julia sprang om sina motståndare.
4. I programmet tävlar de om 1 000 000 kr.
5. Tar du hand om mig när jag är gammal?
6. Jag slår vad om att han är rik.
7. Varför bråkar man om en glass?
8. Läraren talade om för barnen att han (hade) fått sparken.
9. Vi måste vända om!
10. Hon kramade (om) sin syster.

109

Particle verbs: bry sig om, göra om, springa om, tala om, vända om, krama om
Regular verbs: tävla om, ta hand om, slå vad om, bråka om

110
1. De demonstrerade **mot/emot** höjda skatter.
2. Hon gick **emot** dörren och slog sig.
3. Filip gick **mot/emot** domkyrkan.
4. Vi ser fram **emot** helgen.
5. Alla måste gå **mot/emot** utgången.
6. Jag måste stanna hemma och ta **emot** ett paket.
7. Det blir regn fram**emot** kvällen.
8. Hon sade att partiet inte har något **emot** invandrare.
9. Hennes tonåring gör alltid allt tvärt**emot**.
10. Man måste gå **mot/emot** strömmen ibland.

111
1. De sprang **från/ifrån** polisen.
2. Han kommer **från/ifrån** Indonesien.
3. Hästen blev **från**sprungen.
4. Var kommer hon **ifrån**?
5. Flickorna kom **ifrån** klassen och gick vilse.
6. Turisten gick **från/ifrån** slottet till torget.
7. Hon behövde gå **ifrån** ett tag.
8. Karl blev **från**tagen sitt pass.
9. Prinsen körde **ifrån** alla på rallybanan.
10. Hon cyklade **från/ifrån** Italien till Svalbard.

112
Mount Everest, pris, bageri, rådjur, Amerika, monument, mikroskop, museum, bibliotek

113
1. Kolombianskt kaffe är deras favoritkaffe.
2. En kaffe, tack.
3. Det här är ett öl från Tyskland.
4. Hur gör man turkiskt kaffe?
5. Vill du ha en öl till?
6. Jag skulle vilja beställa en vatten.
7. Det här glaciärvattnet från Island är kallt.
8. Idag ska vi prova fem olika öler.

9. En kaffe till, tack.
10. Han drack tolv öl igår kväll.

114

1. **Det sjukhus**, som han föddes på, ska rivas.
2. Han har bokat **det hotell** som vi bodde på ifjol.
3. Välj **den jacka** som har luva.
4. Vi ska rensa och steka **de kantareller** som vi hittade igår.
5. Jag valde **det päron** som var saftigast.
6. Hon gick till **den strand** som hade vitast sand.
7. Det var **det flygplan** som alla kändisar flugit med.
8. Reklamen var för **det företag** som alla talade om.
9. Hon ville besöka **den stad** där Mozart föddes.
10. **Det hus**, som jag växte upp i, finns inte längre.
11. Hans & Greta gick in i **den skog** som häxan hade sitt pepparkakshus i.
12. Polisen lade beslag på **den dator** som hade använts för att hacka regeringskansliet.
13. Han grät när han hörde **den låt** som spelats på deras bröllop.
14. Låt mig få bli **den man** jag vill vara.
15. Ta på dig **de byxor** som har fickor.
16. Raketen åker mot **den planet** som ligger närmast jorden.
17. Bilen körde in på **den gata** där kontoret låg.
18. Min fru ville prompt ha **den madrass** som var mjukast.
19. **Den fågel**, som kvittrade högst, var en koltrast.
20. De hade vält **den gravsten** som tillhörde diktatorn.

115

mjölk i kylskåpet	→ **Det finns/står mjölk i kylskåpet**
mat på bordet	→ **Det finns/står mat på bordet**
kallt i Skandinavien	→ **Det är kallt i Skandinavien**
en bok i bokhyllan	→ **Det finns/står en bok i bokhyllan.**

en man på sängen	→	**Det ligger en man på sängen.**
lördag idag	→	**Det är lördag idag.**
mörkt på natten	→	**Det är mörkt på natten.**
många barn i världen	→	**Det finns många barn i världen.**
ett brev i brevlådan	→	**Det finns/ligger ett brev i brevlådan.**

116
1. Det skulle vi aldrig **ha** gjort.
2. Hon är trött eftersom hon inte **har** sovit.
3. Liv läste en bok hon aldrig **hade** läst förut.
4. Löparna måste **ha** svettats mycket.
5. Fast han **hade** ätit var han fortfarande hungrig.
6. Det skulle **ha** snöat igår.
7. Vi skulle inte **ha** gjort det om vi vetat.
8. Han fick spela trots att han **hade** skadat sig.
9. Markus ringde inte eftersom han **hade** tappat sin mobil.
10. Hon är inte kvar eftersom hon **har** gått hem.

117
1. Filmen, ~~som~~ vi ska se, börjar snart.
2. De skor, som användes i filmen, finns på museum.
3. Jag vet inte vem som ringde.
4. Det här är det bästa ~~som~~ jag någonsin ätit.
5. Bandet, som spelar ikväll, kommer från Finland.
6. Det slutade regna som tur var.
7. Mannen som visste för mycket.
8. Jag läser boken ~~som~~ alla talar om.
9. Han tog på sig klockan som hade tillhört hans far.
10. Hon gjorde som hon blev tillsagd.

Key

118

	yes	no
1. Du måste gå till doktorn!	✓	☐
2. Jag ska diska stekpannan först.	☐	✓
3. Hon tänkte att hon borde tvätta håret.	☐	✓
4. Mördaren ville komma in i huset.	✓	☐
5. Vi ska åka på semester.	✓	☐
6. Kan vi gå på bio ikväll?	☐	✓
7. Felix var för trött för att kunna borsta tänderna.	☐	✓
8. Vännerna skulle åka till Stockholm.	✓	☐
9. Du måste se min nya hund!	☐	✓
10. Vi måste springa ut härifrån!	✓	☐

119

1. Imorgon **ska** laget spela hemmamatch.
2. Du **ska** städa ditt rum nu, unge man!
3. Advokaten har sagt att vi **bör** läsa igenom kontraktet först.
4. Det gör inget. Vi **får** köpa en ny.
5. Men nu **får** du väl skärpa dig?
6. Det **ska** regna så vi **borde** kanske ta in dynorna?
7. Vi **får** se hur vi gör.
8. Hon **får** ta och duscha först.
9. **Skulle** du **kunna** ge mig ett glas vatten?
10. Om hon varit på stranden **borde** hon fått färg.
11. Markus **kan** inte begripa vad som hänt.
12. På nyårsafton **får** man skjuta raketer.
13. Jag **kan** tyvärr inte tala så bra svenska än.
14. Vi **får** tyvärr inte tala om det. Det ar hemligt.
15. Min bror **borde** vara här vilken minut som helst.
16. Varför **ska** du sluta röka?

17. Lena **skulle** aldrig ha kommit, om hon inte fått en inbjudan.
18. Han **borde** söka nytt jobb, tycker jag.
19. Vad **ska** du göra nu?
20. Ursäkta, **kan** du hjälpa mig?
21. Man **får** inte gå in där. Det är förbjudet.
22. Du, vi **bör** se över vår ekonomi.
23. **Kan** du snälla gå härifrån?
24. De **ska** tydligen ha köpt ett nytt hus.
25. **Kan** alla fåglar flyga?
26. Utan körkort **får** man inte köra.
27. När barnen var hemma **fick** han ingenting gjort.
28. Har du tappat din plånbok? Då **får** vi gå och leta!
29. **Ska** jag hämta tidningen åt dig?
30. Jag tycker pappa **borde** raka sig. Han ser så konstig ut annars.

120

1. Tavlan sitter på väggen.
2. Boken ligger i mitt knä.
3. Maten står på bordet.
4. Ölen står i kylen.
5. Bilen står i garaget.
6. Solen står högt på himlen.
7. Spiken sitter i trädet.
8. Boken står i bokhyllan.
9. Pengarna ligger i kuvertet.
10. Det står en man bakom gardinen.

121

på, sängen, han, sig	→ **Han lägger/sätter sig på sängen.**
blomma, i, hon, håret, en	→ **Hon sätter en blomma i håret.**
paketet, under, jag, granen	→ **Jag lägger/ställer paketet under granen.**

Key

där, stolen, du	→ **Du ställer stolen där.**
han, i, tvätten, korgen	→ **Han lägger tvätten i korgen.**
alla, hon, på, bordet, korten	→ **Hon lägger alla korten på bordet.**
lappen, jag, anslagstavlan, på	→ **Jag sätter lappen på anslagstavlan.**
en, midsommarstång, vi, ängen, på	→ **Vi ställen en midsommarstång på ängen.**
på, chips, bordet, jag	→ **Jag ställer chips på bordet.**
blommorna, han, vas, i, en	→ **Han sätter blommorna i en vas.**

122

2. Nej, det gjorde det inte.
3. Jo, det får ni.
4. Jo, det är han.
5. Ja, det ska det.
6. Nej, det har hon inte.
7. Jo, det gör hon.
8. Ja, det är de.
9. Jo, det har jag.
10. Jo, det kan jag.

123

1. Jag har **inte** duschat på en vecka.
2. För att han **inte** kan hjälpa dig!
3. Maria tycker **inte** om ost.
4. De är **inte** fattiga.
5. Gå nu så att du **inte** kommer för sent.
6. Paul ser **inte** tåget som kommer.

7. Barnet hittar **inte** sin mössa.
8. Eftersom banken **inte** har stängt.
9. Kan du **inte** ge mig lite korv?
10. Du borde **inte** sätta på tv:n.

124

1. Han har **också** en cykel.
2. Jag kommer **också** från Estland.
3. Jag kan inte **heller** läsa i mörkret.
4. I Finland talar man **också** svenska.
5. Louise hann inte **heller** till mötet.
6. Vi vill **också** ha glass.
7. Du får inte **heller** väsnas.
8. Mia gillar inte **heller** smör.
9. Den filmen börjar inte **heller** än.
10. Ska vi **också** bada?

125

1. Jag har en/min egen lägenhet.
2. Sanna har egna/sina egna pengar.
3. Pojken har en/sin egen nalle.
4. De har ett/sitt eget hus.
5. De gick ut i den egna trädgården/sin egen trädgård.
6. Lars skalar sina egna apelsiner.
7. Skådespelaren tittar på den egna filmen/sin egen film.
8. Hunden hade en/sin egen skål.
9. Det egna hemmet/Ens eget hem är alltid bäst.
10. Kan jag få ett/mitt eget tv-spel?

126

Indef. Neuter	Definite	Plural
litet	**lilla**	**små**

Key

127

First degree	Second degree	Third degree
liten/litet	**mindre**	**minst**

128

1. Det där är **den minsta** (the smallest) diamant jag sett.
2. Kan jag få **en liten** (a small) portion?
3. Han var särskilt förtjust i **små** (small) hundar.
4. Har du sett **de små** (the small) fåglarna?
5. **Den lilla** (the small) lampan lyste rött.
6. Kan jag få **en liten** (a small) matbit?
7. Vi har **ett litet** (a small) problem, min vän.
8. Kalle har just fått **ett litet** (a small) barn.
9. Hans trädgård är **mindre** (smaller) än grannens.
10. Jag älskar **de små** (the small) sakerna i livet.

129

1. till, 2. annan, 3. annan, 4. till, 5. andra, 6. annan, 7. andra, 8. andra/till, 9. annat, 10. till

130

1. Jag ska gå/går till sängs nu.
2. Grannens hus är till salu.
3. Han är till freds med livet.
4. Ibland måste man ge sig till tåls.
5. Räven sprang till skogs.
6. Jag har alltid frimärken till hands.
7. Jag har inget till övers för barnsligt bråk.
8. Vikingarna försvann till havs/sjöss.
9. Företaget gick kunderna till mötes.
10. Vi har cyklar till låns.

131

å ena sidan → **on one hand**

å andra sidan	→	**on the other hand**
det vete katten	→	**God knows/Who knows/I don't know**
vare sig du vill eller inte	→	**whether you want to or not**
det vore bra	→	**that would be good**
komma i rättan tid	→	**to arrive in time**
skrika i högan sky	→	**to scream one's head off**
skämt åsido	→	**jokes aside**
på sistone	→	**lately**
i sinom tid	→	**in due time**

132

var: Mjölken finns i kylskåpet, Han lade nycklarna på byrån, Katten är i kartongen, Hon kommer från Finland, Hon är hemma, Svalbard ligger i Norge
vart: Räven springer mot skogen, Jag ska åka till affären, Fåglarna flyger söderut

133
1. Läraren kom till lektionen **före/innan** barnen.
2. Ägg står **före** mjölk på min inköpslistan.
3. Gå **före/innan** pappa ser dig!
4. Jag såg att grannen stod **före** mig i kön.
5. Hon ville göra det **före/innan** sin födelsedag.
6. Var du här **före/innan** mig?
7. Han gick **före** dem på vägen.
8. Tårtan var klar redan dagen **före/innan**.
9. Studenten låg **före** med projektarbetet.
10. Vi måste köpa en gran **före/innan** jul.

134
mycket/lite: juice, choklad, vatten, kaffe, öl, bröd, ost
många/få: pojkar, fingrar, systrar, pizzor, lastbilar, fåglar, hus

135
1. Pappan älskar **sina** barn.
2. Kunden ville ha tillbaka **sina** pengar.
3. Benny och **hans** mamma är på restaurang.
4. Jag såg grannen stå i **sitt** kök.
5. Har du sett **deras** tatueringar?.
6. Laura ville gå i **sin** mammas fotspår.
7. Han älskade **sin** tröja som **hans** flickvän hade köpt åt honom.
8. Hon hatade **sitt** jobb.
9. Vi ska träffa Mats och **hans** nya fru.
10. Chefen ångrade **sitt/sina** beslut.

136
1. **Snälla** kan du hjälpa mig?
2. Jag skulle vilja ha en kanelbulle, **tack**.
3. Men **snälla** lägg av.
4. Kan jag **snälla** få en till?
5. Ett månadskort, **tack**.
6. Skulle jag kunna få lite mer kaffe, **tack**?
7. **Snälla** jag kan väl få en?
8. **Tack**, vad du är snäll.
9. **Snälla** människa, vad gör du?
10. Kan jag få en röd ryggsäck, mamma? **Snälla**!

137
1. Skulle jag kunna få en cykel?
2. Skulle du kunna ge mig senapen?
3. Skulle jag kunna få en hund?
4. Skulle jag kunna få gå och bada?
5. Skulle du kunna hämta ett glas saft?
6. Skulle jag kunna få en kopp kaffe?
7. Skulle du kunna ge mig pennan?

8. Skulle du kunna massera mina fötter?
9. Skulle du kunna ge mig en lott?
10. Skulle du kunna gå härifrån?

138

skola (ska), gå (går), åka, skola (ska) åka, skola (ska) gå/gå (går), åka (åker)/gå (går), åka (åk!), gå, gå, åka

139

1. Jag lär mig svenska.
2. Hon lär honom att älska.
3. Jag lär ut ekonomi.
4. De lärde känna varandra på en fest.
5. Han lärde sig själv att skriva när han var fyra.
6. Du måste lära mig att jonglera.
7. Jag lär mig läsa.
8. Jag lär ut hur man lagar mat.
9. Bebisar måste inte lära sig hur man skriker.
10. Hon ska lära dig en läxa.

140

1. De **leker** med dockor tillsammans.
2. Ska vi **spela** monopol?
3. Han älskar att **spela** basket med sin dotter.
4. I Sverige **spelar** man ofta bandy.
5. Sluta **leka** med mina känslor.
6. Vi ska hem till Fabian och **spela** kort.
7. Hon gillade att **leka** affär.
8. Ska vi **spela** tv-spel?
9. Det går inte att **spela** fotboll i leran.
10. Jag tänker inte **spela** efter deras regler längre.

141

	kaka	kex
stor, mjuk och rund	✓	☐

Key

runt, platt och mjukt bröd	✓	☐
spröd, salt och liten	☐	✓
liten, torr och sötad	✓	✓
mjuk och liten	✓	☐

142

1. De provar kläder till festen.
2. Kan jag prova/pröva?
3. Vi behöver pröva bromsarna.
4. Prova/pröva att vissla!
5. Har du provat den här whiskyn?
6. Hon provade sin mammas glasögon.
7. Har du provat/prövat att ringa dem?
8. Fallet prövas i domstol.
9. Prova/pröva soppan!
10. Jag provar/prövar att stänga av och sätta på den igen.

143

	tänka	tycka	tro
1. I think you're pretty.	☐	✓	☐
2. He thought he was his friend.	☐	☐	✓
3. I thought I heard something.	☐	✓	☐
4. What are you thinking about?	✓	☐	☐
5. Quite! I can't think!	✓	☐	☐
6. What do you think about the new colleague?	☐	✓	☐
7. What are your thoughts on the case?	✓	☐	☐
8. I don't think so, but I don't know.	☐	☐	✓

9. He thought the food tasted bad. ☐ ✓ ☐
10. Do you think God exists? ☐ ☐ ✓

144

1. Vi måste åka och **handla**.
2. Får jag se klockan du **köpte** igår?
3. Vi måste **köpa** in mer sås till restaurangen.
4. Han åkte in till stan för att **köpa/handla** kläder.
5. Han ville **köpa** ännu en synth.
6. Sigrid gick ut för att **köpa/handla** bröd.
7. Kan jag **köpa** din gamla bil?
8. Det är svårt att **köpa** hus nuförtiden.
9. När du ändå är i affären, **köp/handla** tandpetare också.
10. Jag går och **köper/handlar** mat.

145

1. Det finns bara en bulle kvar. Det är den **sista**.
2. Skarsgård är med i en ny film. Det är hans **senaste**.
3. Kaffet är slut. Den här koppen blir min **sista**.
4. Har du läst hans nya bok? Det är hans **senaste**.
5. Festivalen har pågått i 3 dagar. Det här är den **sista**.
6. Staden har utstått flera attacker. Dagens är den **senaste**.
7. Mjölet är slut. Den här påsen är den **sista**.
8. Vi kan inte ses mer. Den här gången blir den **sista**.
9. Har du läst dagens tidning? Det är den **senaste**.
10. Det finns ett nytt avsnitt av serien. Det är det **senaste**.

146

1. Samerna är ett **folk** i norra Europa.
2. Det är för mycket **folk** här.
3. Jag skulle vilja boka bord för 6 **personer**.
4. **Människor** är också primater.
5. De letar efter försvunna **personer/människor**.
6. Juri Gagarin var den första **människan** i rymden.
7. Vanligt **folk** har roligare än kändisar.
8. 500 **personer** antogs till polishögskolan.

9. Det svenska **folket** gillar tacos.
10. **Folk** vet inte hur man beter sig.
11. Det ligger **människor** kvar i rasmassorna.
12. Vad är skillnaden på en **människa** och en apa?
13. Det är en **person** här som söker dig.
14. Hur många **personer** klarar hissen samtidigt?
15. Stormen tog många **människors** liv.
16. De kunde hitta **personen** med hjälp av övervakningskameror.
17. 31 **personer** heter Pippi.
18. På jorden bor det nu 8 miljarder **människor**.
19. Den här bilen rymmer 4 **personer**.
20. Homo sapiens är den enda nu levande **människan**.

147

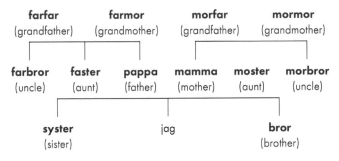

148

He is my mother's new partner. He is my: **styvfar/styvpappa**

We are partners and live together. We are: **sambos**

My father has a new partner. She's my: **styvmor/styvmamma**

We love each other but live apart. We are: **särbos**

149

1. Du måste **komma ihåg** att mata katten!
2. Jag **kommer ihåg/minnas** en sommarkväll 1976.
3. Lars kunde inte **komma ihåg/minnas** var han lagt sina nycklar.

4. **Kom ihåg** att du är bäst!
5. Hon måste försöka **komma ihåg/minnas** lösenordet!
6. Hur kan du **komma ihåg/minnas** allt det där?
7. **Kom ihåg** att äta!
8. Sonja kunde inte **komma ihåg/minnas** vem hon var.
9. Jag **kommer ihåg/minns** dig. Du är Janssons pojke, eller hur?
10. De **kommer ihåg/minns** hur det var under pandemin.

150

1. **Antingen** tar vi färjan eller så tar vi bron till Danmark.
2. Vi kan **antingen** gå hem eller så kan vi fortsätta festa.
3. Han kunde **varken** hitta sina skor eller sitt paraply.
4. Du måste vara med på mötet **vare sig/varken** du vill eller inte.
5. Patienten kunde inte **vare sig** se eller höra.
6. Vi har inte **vare sig** bröd eller smör hemma.
7. Den gripne måste vara **antingen** gärningsman eller vittne.
8. Katten är **antingen/varken** död eller levande.
9. Hon blev **varken** glad eller ledsen över beskedet.
10. Ingen, **vare sig/varken** min pojkvän eller mina föräldrar, håller med mig.

151

to open one's mouth	**gapa**
to make it in time	**hinna**
to close one's eyes	**blunda**
to not have to do something	**slippa**
to feel like/have the energy for something	**orka**
to return cans and bottles for a deposit	**panta**

152

1. Jag gick på bio igår./Igår gick jag på bio./På bio gick jag igår. (special emphasis)
2. Vi ska träffa kungen nästa vecka./Nästa vecka ska vi träffa kungen./Träffa

Key

kungen ska vi nästa vecka. (special emphasis)
3. Hon har ont i huvudet nu./Nu har hon ont i huvudet./Ont i huvudet har hon nu. (special emphasis)
4. Du får gå hem nu./Nu får du gå hem./Hem får du gå nu. (special emphasis)
5. Allt blir bättre nästa år./Nästa år blir allt bättre./Bättre blir allt nästa år. (special emphasis)
6. Filmen, som vi såg igår, är gammal./Gammal är filmen som vi såg igår. (special emphasis)
7. Eftersom du kommer imorgon.
8. De är på väg hem./På väg hem är de. (special emphasis)
9. Han är ju där./Där är han ju.
10. Hon har kommit för att hämta mig./För att hämta mig har hon kommit. (special emphasis)
11. Vi bodde i en etta för 20 år sedan./För 20 år sedan bodde vi i en etta./I en etta bodde vi för 20 år sedan. (special emphasis)
12. Vi åkte till Sverige förra sommaren./Förra sommaren åkte vi till Sverige./Till Sverige åkte vi förra sommaren. (special emphasis)
13. Man äter varje dag./Varje dag äter man.
14. Även om festen är på lördag.
15. Han kysste mig på näsan då./Då kysste han mig på näsan./På näsan kysste han mig då. (special emphasis)
16. De får inte gå än./Än får de inte gå./Gå får de inte än. (special emphasis)
17. Vi var i stan och shoppade häromdagen./Häromdagen var vi i stan och shoppade./I stan var vi och shoppade häromdagen. (special emphasis)
18. Jag dricker alltid kaffe på morgonen./På morgonen dricker jag alltid kaffe./Kaffe dricker jag alltid på morgonen./Alltid dricker jag kaffe på morgonen. (special emphasis)
19. När jag såg henne.
20. Den är kanske trasig./Den är trasig kanske./Kanske är den trasig./Trasig är den kanske. (special emphasis)

153

1. Börjar festivalen nästa vecka?
2. Ska vi ses imorgon?
3. Kan du komma nästa vecka?
4. Var har du varit?
5. Vad ska jag ta mig till?

6. Kan du hjälpa mig om en stund?
7. Kan du inte komma hem till mig i övermorgon?
8. Hur länge har du lärt dig svenska?
9. Vill du ha mer kaffe?
10. Var kommer du ifrån egentligen?/Varifrån kommer du egentligen?/Var kommer du egentligen ifrån?

154

	för	åt	till
1. Kocken lagar mat __ gästerna.	☐	✓	✓
2. Hon packar väskan __ resan.	☐	☐	✓
3. Jag har gjort halsbandet __ dig.	☐	✓	✓
4. Berätta det __ mig, är du snäll.	✓	☐	☐
5. Kan du handla __ mig?	☐	✓	☐
6. Här är en julklapp __ dig.	☐	☐	✓
7. Artisten sjunger en sång __ oss.	✓	☐	☐
8. Jag kan göra det __ dig om du vill.	☐	✓	☐
9. Kan du visa den __ mig?	✓	☐	☐
10. Brevet är __ dig.	☐	☐	✓

155
1. Jag **är/känner mig** dålig.
2. Jag **är/känner mig** trött.
3. Jag **är/känner mig** glad.
4. Jag **mår** uselt.
5. Jag **mår** dåligt.
6. Jag **mår/känner mig** bra.
7. Jag **är/känner mig** frisk.
8. Jag **mår** fantastiskt.

9. Jag **är/känner mig** yr.
10. Jag **är/känner mig** pigg.

156

både: Our flag is both blue and yellow, He felt both sad and relieved, I speak both Swedish and English, We are having both burgers and pizza
båda: I have both action figures, She loves both her parents, Can I have both cupcakes?, Could both of you come over here?, Give me both, please

157

1. Den här soppan är så himla **god**.
2. Det **goda** och det onda.
3. Smakar det **gott/bra**?
4. Jag är **bra** på att kyssas.
5. Han är en **god** vän.
6. Det är **gott** med chips.
7. Det kan vara **bra** att ha.
8. Hösten tillbringas bäst med en **god** bok.
9. Filmen är riktigt **bra**.
10. Det känns **bra** det här.

158

1. Vad menar du?
2. Det betyder att vi måste gå.
3. Jag menar inget illa.
4. Den hunden betyder allt för henne.
5. Vad betyder det här ordet?
6. Det betyder något för mig.
7. Han menar att han är döv.
8. Kan du berätta (för mig)/säga (mig) vad det här betyder?
9. Jag vet inte vad jag menar med det.
10. Det betyder "kärlek" på svenska.

159

	yes	no
1. Hon har hört talas om Elton John.	☐	✓

2. De känner till att Sverige har en kung.	☐	✓
3. Han kände Michael Jackson.	✓	☐
4. Känner du honom?	✓	☐
5. Har du hört talas om henne?	☐	✓
6. Vi känner inte varandra.	☐	✓
7. Känner du till dansken från Game of Thrones?	☐	✓
8. Love känner han som byggt vårt hus.	✓	☐
9. Jag har inte hört talas om henne.	☐	✓
10. Trädgårdsmästaren känner ägaren.	✓	☐

This one was a bit sneaky. I admit that.

160

the 18th century	→	**1700-talet**
the 21st century	→	**2000-talet**
the 1900s	→	**1900-talet**
the 15th century	→	**1400-talet**
the 20th century	→	**1900-talet**
the 16th century	→	**1500-talet**
the 1500s	→	**1500-talet**
the first century	→	**000-talet, (nollhundratalet)**
the 800s	→	**800-talet**
the 1990s	→	**1990-talet**

161

1. Det ordet finns inte **på** swahili.

Key

2. Kan vi prata svenska med varandra?
3. Det finns inget ord för det **i** danskan.
4. Biblioteket har en ordbok **i** finska.
5. Vad betyder det **på** engelska?
6. Jag förstår inte samiska.
7. Säg det **på** svenska!
8. Hávamál skrevs **på** isländska.
9. Han talar inte tyska.
10. Det finns inget present progressive **i** svenskan.

162

Verb	Nounification	Translation
spela	spelande/ spelning	gambling/ gig
gissa	gissande/ gissning	guessing/ guess
blåsa	blåsande/ blåsning	blowing/ scam
erbjuda	erbjudande/ erbjudning	offer/ -
andas	andande/ andning	-/ breathing
bo	boende/ boning	resident, accomodation / abode
forska	forskande/ forskning	searching/ research
använda	användande/ användning	usage/ use
anta	antagande/ antagning	assumption/ admission

| begrava | **begravande/ begravning** | **burying/ funeral** |

163

grattis	**congratulations**
chaffis	**driver**
skådis	**actor**
kompis	**friend**
dagis	**kindergarden**
loppis	**flea market**
alkis	**drunk**
mellis	**snack**
knäppis	**silly**
kändis	**celebrity**
trummis	**drummer**
godis	**candy**
hemlis	**secret**
bästis	**best friend**
fegis	**coward**

164

idé	karré	le
filé	med	**armé**
ner	se	sten
be	**succé**	**diarré**
arbete	bete	beige

Key

bidé tre **kafé**

165

mörk	→ **ljus**
rolig	→ **tråkig**
hög	→ **låg**
tidig	→ **sen**
kort	→ **lång**
snäll	→ **elak**
glad	→ **ledsen**
smart	→ **dum**
bra	→ **dålig**
feg	→ **modig**

166

	Opposite	Translation
vän	**ovän**	enemy, to be on bad terms
ljud	**oljud**	noise, racket
vana	**ovana**	bad habit
förstånd	**oförstånd**	imprudence, foolishness, lack of judement
djur	**odjur**	beast
avgjord	**oavgjord**	drawn, tied (game)
kunskap	**okunskap**	ignorance

hygglig	**ohygglig**	horrible
väsen	**oväsen**	noise, racket
lycka	**olycka**	accident, misfortune

167

1. Dricker kaffe gör hon varje dag.
2. Kör buss gör Peter varje dag.
3. Festar gör hon på helgen.
4. Sover gör jag i sängen.
5. Skriver böcker gör författare.
6. Dansar gör han bara hemma.
7. Skriker gör barnet hela tiden.
8. Badar gör stadsbor mest i badkar.
9. Går till tandläkaren gör jag en gång om året.
10. Läser gör Tomas bara deckare.

168

1. Det sägs att hon försvann.
2. Något måste göras.
3. Hans dotter blir kramad av honom.
4. Folk blir rånade där.
5. Biljett till festivalen måste köpas.
6. Boken blev färdigskriven idag.
7. Vakten blev dödad när han försökte ingripa.
8. Det påstås att älvorna dansar på ängen.
9. Det ska skottas om det snöar.
10. Hunden blev klappad av besökarna.
11. Sushi äts med pinnar.
12. Midsommarstången blev rest av karlarna.
13. Det sägs att hon blir befordrad imorgon.
14. Han blev nypt i rumpan av henne.
15. Psalmer sjungs i kyrkan.
16. Flygplan flygs av piloter.
17. Arbetet blir gjort imorgon.

18. Rådjuret blev påkört.
19. Varorna betalas i kassan!
20. Skorna tas av innan man går in.

169
1. Ulf tvättar **händerna** (händer) dagligen.
2. Hon hade ont i **fötterna** (fötter) efter promenaden.
3. Basketspelaren slog i **huvudet** (huvud).
4. Hon tappade nästan **förståndet** (förstånd).
5. Saga höll för **öronen** (öron).
6. Stoppa inte fingrarna i **näsan** (näsa).
7. Vetenskapsmannen drog sig i **håret** (hår).
8. Hunden slickade sig om **munnen** (mun).
9. Han bet alltid på **naglarna** (naglar).
10. Barnen höll för **ögonen** (ögon).

170
1. Det där är **ju** en apa!
2. Du skulle **ju** gå.
3. Han har **ju** inga pengar.
4. Han är **väl** och handlar.
5. Himlen är **nog** blå som vanligt.
6. Då går jag **väl** och kastar soporna.
7. Jag sa **ju** det!
8. Han kan **nog** hjälpa dig.
9. Du borde **nog** sova nu.
10. Du kan **väl** hjälpa mig.
11. Läraren kan **ju** inte bara ge dig underkänt!
12. Men så kan det **ju** inte vara.
13. Hundar och katter gillar **ju** inte varandra.
14. Berlin ligger **väl** i Tyskland.
15. Tältet är **nog** i källaren.
16. Du är **väl** med och donerar.
17. Det blir **ju** kul!
18. Klänningen går **väl** att lämna tillbaka.
19. Du kan **nog** få pengarna tillbaka.
20. Nu är det **väl** för sent.

171

1. Du är polis, **eller hur/va**? – You're a cop, aren't you?
2. Kan du gå **eller**? – Could you leave now please!
3. Är du dum **eller**? – Are you stupid or something?
4. Han såg dig, **eller hur/va**? – He saw you, didn't he?
5. Är han sur **eller**? – He's angry, isn't he?

172

1. Han cyklar till skolan.
2. Hon blundade när hon kysste henne.
3. Han hette Fredrik.
4. Doktorn/läkaren ville att jag skulle gapa.
5. Han orkade inte plugga svenska idag.
6. Ungarna kom och pallade alla våra äpplen.
7. Hon är kissnödig.
8. De hann inte till bussen.
9. Malin rävsov.
10. Pojkarna dygnade.

173

Finland	Sweden
hoppeligen	**förhoppningsvis**
farmare	**jeans**
paff	**papp**
rosk	**skräp, sopor**
krabbis	**bakfylla**
dynvar	**örngott**
roskis	**soptunna/papperskorg**
småkusin	**syssling**

Key

skyddsväg	**övergångsställe**
semla	**fralla/småfranska/bulle**
länk	**gå på promenad**
kaveri	**vän, kompis**
T-skjorta	**T-shirt/T-tröja**
örfil	**kanelbulle**
kiva	**trevlig, bra, kul**
egnahemshus	**villa**
villa	**sommarstuga**
håsa	**skynda, slarva**
paja	**klappa**
julgubben	**jultomten**
råddig	**stökig**
tråtta	**pressa**
kila	**tränga sig före**
verrare	**mjukisbyxor**
söndra	**ha sönder**
vessa	**toalett**
barnträdgård	**förskola, dagis**
acku	**(uppladdningsbart) batteri**
juttu	**sak/grej, historia**

Index

accent I & II 102
adjectives 57–65, 126–128, 146, 165
adverbs 59, 66–71, 123, 124, 146
annan/annat/andra 129
antingen 150
auxiliary verbs 52–54, 116, 118, 119
betyda 158
bli passive 168
bra 157
båda/både 156
comparison 60–63
compound words 25, 26
conjugation group I 27–29
conjugation group II 30–33
conjugation group III 34, 35
conjugation group IV 36, 38, 39
conjunctions 84, 86
consonants 94–101
definite form 3, 4, 18, 19, 21, 58, 169
demonstrative pronouns 81
deponentia 48, 49
det 115, 168
determinative pronouns 114
därför (att) 86
é 164
eftersom 86
egen/eget/egna 123
emot 110
emphasis 167
en 2–5, 9, 14, 17, 23
ett 2–5, 9, 14, 17, 23, 112, 113
family 147, 148
Finland-Swedish 173
från 111
future tense 43, 44
få 134
för 86, 154
före 133
genitive 24, 130
god 157
gå 138
ha/har/hade 41, 116
handla 144
heller 124
helper verbs 52–54, 116, 118, 119
i 72–75, 105–107, 161
ifrån 111
indefinite form 1, 2, 4, 6, 17, 21, 23
innan 133
inte 123
interrogative words 71, 82, 132
irregular verbs 40
-is 163
/j/ sound 97, 101
ju 170
kaka 141
kex 141
kinship 147, 148
komma (att) 44
komma ihåg 149
känna (till) 159
känna sig 155, 156
köpa 144
leka 140

Index

ligga 120
liten/litet 126–128
lite 134
lägga 121
lära (sig) 139
mena 158
mindre/minst 127, 128
minnas 149
mot 110
mycket 134
må 155, 156
många 134
negations 123, 124
nog 170
nouns 1–26
numbers 88–89
o- 166
också 124
om 72, 73, 107–109
opposites 165, 166
ordinal numbers 89
participle 64, 65, 162
particle verbs 50, 51, 109
passive mood 46, 168
past subjunctive mood 55
past tense 27, 29, 31–33, 35, 36, 37, 41, 48
past perfect 41, 116
perfect 41, 116
plural 6–21, 58
possessive 24, 130
possessive pronouns 78, 80, 135

prepositions 72–75, 104–107, 161
present subjunctive mood 54
present tense 27, 38, 29, 30, 33, 34, 36, 43, 48
preterite 27, 29, 31, 33, 35–37, 41
pronouns 76–83
pronunciation 90–103
prova/pröva 142
på 72–75, 104–107, 161
reciprocal verbs 49
reflexive pronouns 79
reflexive verbs 45, 139
-s passive 46, 168
second degree 62
sin/sitt 80, 135
singular 1–5, 7, 8, 10–12, 14, 19, 21
sitta 120
sje sound 96, 98–100
ska 40, 44, 119, 138
skola 40, 44, 55, 118, 119, 136–138
skulle 40, 44, 55, 118, 136, 137
små 126, 128
snälla 136
som 85, 117
spela 140
spoken Swedish 103
strong verbs 36, 38, 39
stå 120
ställa 121
subjunctions 85–87
subjunctive mood 54, 55
supine 27, 29, 32, 33, 36, 48

239

syllables 92
sämre 146
sätta 121
tack 136
third degree 63
till 129, 130, 154
tje sound 94, 95, 99, 100
tro 143
tycka 143
tänka 143
umlauts 20, 91
uncountable nouns 22, 113, 134
V2 152, 153
var/vart 132
vare sig 150
varken 150
verbs 27–56, 118
vowels 90–93
väl 107
värre 146
word order 123, 137, 152, 153
questions 153
question tags 171
question words 71, 82, 132
yes & no questions 122
åka 138
åt 154

Printed in Poland
by Amazon Fulfillment
Poland Sp. z o.o., Wrocław